平和学入門

元東大名誉教授　篠原 一《はじめ》

次代へのメッセージ

RYUHO OKAWA

大川隆法

JN182789

まえがき

私が篠原一《しのはらはじめ》先生の「ヨーロッパ政治史」の講義を東大駒場の九百番教室で聞き、本郷でゼミに参加したのは、今からもう、四十年近い昔になる。政治哲学者のハンナ・アーレントが死去した記憶もまだ新しく、朝日新聞が、毛沢東《もうたくとう》の死を「巨星墜《きょせいお》つ」と伝えたすぐ後ぐらいである。日本では、渡部昇一先生の『知的生活の方法』が百万部を超すベストセラーになり、「クーラーは体に悪いか、それとも必要なものか」などが熱心に議論されていたといえば、大体の時代背景は分かるだろう。

私が篠原先生の授業で教わったことは、『ヨーロッパの政治』（東大出版会）という名著として定年退官時に刊行されているが、当時の先生は、講義ノートを口早に読み上げており、学生たちは、筆記するのに懸命《けんめい》だった。ある時、私は失礼にも、直接先生に、「これじゃ、ノートを取るのが、うまいかへたかだけで成績が決まるじゃないですか。ちゃんと本にして出版して下さい。」と直言《ちょくげん》した。先生は、「毎年少しずつ新しいことも入れているんだよ。」とお答えになり、「政治学文献」として千二百冊以上の参考文献をご自分で一覧表にしたものを、私に読み込むように指示された。

その後、引き続き法学部三年生として、「篠原ゼミ」に参加したが、四年生や五年生も議論で黙らせてしまうほど舌鋒《ぜっぽう》が鋭い学生が私だった。「いつも教授の横に座って師範代《しはんだい》風にしゃべっていた」のが私の印象だと、あるゼミ生が昔、某週刊誌で語っていた。

スペインの政治学者リンツの『政党論』の英語原本をコピー製本した本で、ゼミをやっていた時のことだ。先生はウッカリ次週の予定の章を予習してこられた。「今日の分をこれから読むので少し待ってくれ。」と先生はおっしゃられ、老眼鏡と近眼鏡が二重になっている眼鏡《めがね》を一枚上に上げて、一行一行英文を指でなぞって読み始められた。アメリカからの留学生が、「東大の英語はアメリカ人ではついていけない。」とギブ・アップしたぐらい難解な本である。いつものように先生の左側に座っていた私は、自分の時計で先生の英文を読む速度を測《はか》っていた。一章約十五分かかった。私の三倍である。「先生なのに予習がいるんですか。」と言って、カンラカラカラと一ゼミ生の私は笑ってしまった。小憎《こにく》らしいぐらい人の悪い性格である。篠原先生は、チラッと横目で私を見ただけで、いつもの通りゼミを開始された。心の広い方だった。

ゼミの打ち上げコンパでも、二時間以上、私は独演会をやってしまった。社会人なら、絶対嫌われるタイプである。しかし、先生は、「実社会に出たら彼みたいにしゃべれる人が出世するんだよ。」と他のゼミ生から私をかばって下さった。

あの頃の先生は五十歳を少し越えた年齢《とし》だったろう。不肖《ふしょう》の弟子も、今は還暦《かんれき》を前にしている。人は私を宗教家と呼ぶが、政治・政治学の本も百冊以上出版している。

九十歳の天寿《てんじゅ》を全うされた恩師を偲《しの》びつつ、感謝の気持を込めて本書を上梓《じょうし》することとする。

二〇一五年　十一月十日

幸福《こうふく》の科学《かがく》グループ創始者兼総裁《そうししゃけんそうさい》　大川隆法《おおかわりゅうほう》

平和学入門　元東大名誉教授・篠原一　次代へのメッセージ　目次

平和学入門
元東大名誉《めいよ》教授・篠原一《しのはらはじめ》　次代《じだい》へのメッセージ

二〇一五年十一月五日　収録
東京都・幸福の科学　教祖殿《きょうそでん》　大悟館《たいごかん》にて

「霊言《れいげん》現象」とは、あの世の霊存在の言葉を語り下ろす現象のことをいう。これは高度な悟《さと》りを開いた者に特有のものであり、「霊媒《れいばい》現象」（トランス状態になって意識を失い、霊が一方的にしゃべる現象）とは異なる。

なお、「霊言」は、あくまでも霊人の意見であり、幸福の科学グループとしての見解と矛盾《むじゅん》する内容を含《ふく》む場合がある点、付記しておきたい。

平和学入門

元東大名誉《めいよ》教授・篠《しの》原《はら》一《はじめ》　次《じ》代《だい》へのメッセージ

二〇一五年十一月五日　収録

東京都・幸福の科学　教《きょう》祖《そ》殿《でん》　大《たい》悟《ご》館《かん》にて

篠原一《しのはらはじめ》（一九二五～二〇一五）

政治学者、東京大学名誉《めいよ》教授。一九六三年、東京大学法学部教授に就任、八六年の退官後には成蹊《せいけい》大学法学部教授を務めた。また、「区長準公選要求運動」や、丸山《まるやま》ワクチン認可運動などの市民運動にもかかわった。著書に『連合時代の政治理論』『ヨーロッパの政治』『市民の政治学』等がある。

質問者

大川真輝《まさき》（幸福の科学常務理事 兼《けん》 宗務《しゅうむ》本部総裁室長代理 兼 エル・カンターレ信仰《しんこう》伝道局活動推進参謀《さんぼう》 兼 HSU教学補強担当）

大川裕太《ゆうた》（幸福の科学理事 兼 宗務本部総裁室部長 兼 政務本部活動推進参謀 兼 国際本部活動推進参謀）

司会

酒井太守《さかいたいしゅ》（幸福の科学宗務本部担当理事長特別補佐《ほさ》）

［役職は収録時点のもの］

1　死後五日目に篠原《しのはら》一《はじめ》・元東大名誉《めいよ》教授の霊言《れいげん》を収録する

老衰《ろうすい》で亡《な》くなった五日後に、私のもとを訪《おとず》れた恩師

大川隆法　今日（二〇一五年十一月五日）の収録は予定外ではあるのですが、昨日《きのう》、今日の新聞に、私の（大学時代の）恩師でもある東大名誉《めいよ》教授の篠原《しのはら》一《はじめ》さんが亡《な》くなったとの記事が出ていたのです。ちなみに、守護霊霊言《しゅごれいれいげん》としては、二年ほど前に、『篠原一東大名誉教授「市民の政治学」その後』（幸福実現党刊）という本を出したことはあります。

さて、「十月三十一日に老衰《ろうすい》のため九十歳《さい》で亡く

『篠原一東大名誉教授「市民の政治学」その後』（幸福実現党）

なられた」ということで、今日で五日目ぐらいなのですが、「（私のところへは霊的に）もう来ないだろう」と言っていたところ、やっぱり来てしまいました（笑）。「来てしまいました」と言っては申し訳ないのですが、このあと、岡山《おかやま》のほうで行事の予定を組んでいたため、私も避《さ》けたかったところはあるのです（注。二日後の十一月七日に、岡山県・岡山支部精舎《しょうじゃ》にて、説法《せっぽう》を予定していた）。

ところが、恩師というものは、そう簡単には引き下がらないものでして、向こうは、「本日の収録をするせいで、岡山の行事が潰《つぶ》れるのであれば、そちらは、（今回の司会を担当している）酒井さんにやってもらえ」という、かなり強引《ごういん》な意見を言ってきたのです。

司会　（笑）

大川隆法　要するに、「日本の政治の行方《ゆくえ》のほうが大事だ」というようなご意見でありました。

なお、老衰によって九十歳で亡くなられているので、おそらく感じとしては、寝《ね》たきりでの最期《さいご》になっているでしょう。そのため、体力的には、それほどの力はないと思われるので、私も今日は、やや〝病人の延長上〟ぐらいの感じでやらせてもらおうと思い、初めて揺《ゆ》り椅子《いす》が登場しています。本当はベッドがよかったのですが、「それではさすがに映《うつ》りが悪い」とのことで、こういうかたちになりました。

篠原一さんとしては、現在の政治の動きや、あるいは、当会で出しているものに多少は意見があるのかもしれません。ただ、私を通じて話す（霊言する）ことになるので、そんなに正反対のことを言うのは難しいとは思います。

ともかく、遺言《ゆいごん》としてというか、「ザ・ラストメッセージ」として、ほかの人も言いに来ていますし、講談社の元社長まで来るぐらいですから（『巨大《きょだい》出版社女社長のラストメッセージ　メディアへの教訓』〔幸福の科学出版刊〕参照）、篠原さんが来るのは当然かもしれません。

また、死後五日なので、「あの世へ還《かえ》っていろいろ勉強して、こう考えた」というところまでは行っていないでしょう。「死んだのは分かった」というぐらいのレベルであって、思想的にはそれほど生前と大きく変わっていないのではないかと思います。

私としては、「前に、守護霊霊言を出したではないですか」と言ったものの、向こうは、「それは守護霊の意見であって、私の意見ではない」とおっしゃるのです（笑）。確かに、それはそうかもしれないのですが、老衰《ろうすい》で亡くなられて、今、どんな意見

『巨大出版社　女社長のラストメッセージ　メディアへの教訓』
（幸福の科学出版）

を持っておられるかは分かりません。

息子《むすこ》たちとの対話を希望した篠原一氏の霊《れい》

大川隆法　篠原さんは、東大の教授をされてから名誉教授になり、そのあと、私がちょうど立宗《りっしゅう》した年（一九八六年）ぐらいに退官して、成蹊《せいけい》大学の教授になっています。成蹊大は、安倍《あべ》総理の母校ですが、そこにも行っておられるので、何らかのつながりを持っているのかもしれないとは思います。何らかの人脈はあるかもしれません。

また、思想的には、前作（前掲《ぜんけい》『篠原一東大名誉教授「市民の政治学」その後』）にも書いてあるように、民主党の菅直人《かんなおと》氏が私淑《ししゅく》していたようなものであったと思います。おそらく、民主党の政権交代で喜んでいた状態はあったでしょう。しかし、その後、どこまで認識されていたかは分かりませんが、政治的には、それほどうまくはいかず、逆流現象《ぎゃくりゅう》が起きています。

なお、幸福実現党については、本当はどう思っておられるかは知りませんけれども、前作では、多少、角《かど》が立たない程度の言われ方をなされている感じはするのです。

今日は、「ちょっと話がある」ということなのですが、私を通じて話す（霊言《れいげん》する）ために、私とは話しにくいこともあって、「息子《むすこ》のほうを出してこい」という言い方をしていました。

確かに、裕太《ゆうた》は、今、東大の法学部で勉強しているので、政治学の話があるのかもしれません。また、真輝《まさき》のほうも、『大川隆法の〝大東亜《だいとうあ》戦争〟論［中］』を執筆《しっぴつ》中であり、「先の戦争」論と、「現代の戦争」関連のことについて意見が出てくるでしょうから、そのあたりが気になっているのだと思います。

なお、テーマとしては、いちおう、「平和学入門」というものを出してはみた

本収録は、大川真輝常務理事（左から２番目）と大川裕太理事（左）の二人を質問者として行われた。

のですが、どのようになるかは分かりません。政治学の話になるのか、宗教的に引導《いんどう》を渡《わた》す話になるのか、そのあたりは、今のところ読み切れないでいます。

いずれにせよ、これを録《と》らなければ岡山には行けないと推定します。岡山のホテルまで来られても困るので、とりあえず、言いたいことを聞き取って、こちらからも何らかの反論をしてみたいと思います。

老衰で亡くなった方であり、全盛期のパワーではないと思うので、そのへんをいたわりつつも、「あちらが述べ伝えておきたいこと」と、「こちらがそれをどういうふうに捉《とら》えるかということ」等を、意見交換《こうかん》してみましょう。

ともかく、私を通すので、「真っ向から反対」というような言い方は、多少しにくいだろうとは思います。

おそらく、(篠原さんの霊を) 菅直人さんに入れたら、全然違《ちが》うことを言えるとは思うのですが、そうはいかないでしょう。ただ、普段《ふだん》私が発信しているものとは若干《じゃっかん》違うニュアンスのものが出てくるかもしれません。

それでは、前置きはこのくらいにしておきます。

篠原一先生がお亡くなりになりましたが、私どもとしては、宗教的には、「悲しい」というのではなく、「帰天《きてん》される」と理解はしています。

ただ、「言っておきたいことがある」とのことですし、私も不肖《ふしょう》の政治学徒の一人ではあります。

日本の政治や、世界についてのご意見、あるいは、当会の政治活動についてのご意見等、何かおありでしたら、この機会にお聞き申し上げたいと思っていますお願いします。


（約十秒間の沈黙《ちんもく》）

2 篠原氏が生前、分析《ぶんせき》できなかったテーマとは

「政治学」の大きい話をしたがる篠原氏の霊《れい》

篠原一　うーん？　うーん……。

司会　篠原教授でございますか。

篠原一　う、うーん。

司会　先ほどは、どうも失礼いたしました。

篠原一　ううん？

司会　先ほど、収録前にお話しいたしました酒井でございます。

篠原一　うん。いやあ、支部の説法《せっぽう》をさ、早く、君に替《か》えておいたほうがいいよ。なあ？

司会　いえいえ（笑）。まあ、それは会員さんが嘆《なげ》くので……。

篠原一　君、あれでしょう？　何？　「お金に困らない人生」っていう、何かそういう演題なんでしょう？

司会　はい。

篠原一　だから、君の人生そのものじゃないか。

司会　（笑）

篠原一　それは、ご自分でやったらいい。

司会　まあ、それは、また別の話で……。

篠原一　わしゃ、政治の話、もうちょっと大きい話をしなくては……。

司会　ええ。（『篠原一東大名誉《めいよ》教授「市民の政治学」その後』を手に取りながら）今日は、「この篠原教授の守護霊《しゅごれい》様のお話とは、違《ちが》うお話が聞ける」ということだと思うんですよね。「守護霊様と、ご本人は違う」というようにおっしゃっていますので。

篠原一　うん、うーん。

「大川隆法君とは、会って話はしてみたかった」

司会　まず、お亡《な》くなりになったことは、当然、ご存じなわけですよね？

篠原一　それは、そうなのよ。ここは病院でもないし、自宅でもないわなあ。

●守護霊と本人の関係　人間の魂は、原則として「本体が１人、分身が５人」の６人グループで構成されている。これを「魂のきょうだい」といい、６人が交代で地上に生まれて、天上界に残った魂のきょうだいの１人が守護霊を務めている。したがって、守護霊は本人と同じ魂の一部ではあるが、「独立した個性を持った存在」でもある。

司会　はい。今、どちらにいらっしゃいますか。

篠原一　「どちらにいます」って、ここにいるじゃない。うん？

司会　ここにいた前は。

篠原一　ここにいた前……（笑）。

司会　（五日前の十月）三十一日にお亡くなりになりましたよねえ。

篠原一　まあ、それは、年取って死んだからはっきりはせんが、自宅にいたり、病院に行ったりしてたんじゃないのかなあ。

司会　そうですか。大川隆法総裁のところには、いつぐらいに……。来られたのは、今日、初めてですか？

篠原一　うーん、昨日《きのう》あたりから、ちょっと覗《のぞ》いてはいたような気もするかなあ。

司会　ああ……。（死亡記事が）ちょうど新聞等でも、朝日新聞には、昨日、出ていますし、今日、「天声人語《てんせいじんご》」にも出ていましたので。

篠原一　これは、挨拶《あいさつ》しないといかんでしょう。今のところ、（葬儀《そうぎ》は）家族だけでやって、あと、まあ、もう少し遅《おそ》くに、何か多少必要とするそうだけどね

（注。新聞の報道では、後日、お別れの会を開く予定）。

まあ、大学から、だいぶ遠ざかってはいるんでねえ。もう忘れられかかってはきてるかもしれないけど。

大川隆法君は、私の育てた弟子《でし》のなかでは〝ピカイチ〟だからねえ。それは、やっぱり、一度は一言《ひとこと》……。やっぱり、本当は会いたかったかなあ。会って話はしてみたかった。

司会　そうですね。

篠原一　私らが東大を退官するころに立宗《りっしゅう》されたようで、気にはしてたけどなあ。三十年、ずいぶん気にはしてたんだけどなあ、ずっと。

あと、最近、政治運動まで始めてしまったので、「これ、どうなるかなあ」っていう……。まあ、心はだいぶ砕《くだ》いたかなあ。

「自《みずか》らの守護霊霊言《しゅごれいれいげん》」と「四十代以降の人生」を振《ふ》り返る

司会　（『篠原一東大名誉教授「市民の政治学」その後』を示しながら）この本が、二年ぐらい前に出たんですが……（注。二〇一三年七月三日刊）。

篠原一　うん。そう……（笑）。

司会　これは、どんな感じでございます?

篠原一　いやあ、もうほぼ市民権を失っとるからねえ。何も言うあれはないけれども。「ちょっと思い出してくれたかなあ」っていうぐらいのことだけど。

まあ、私の名前を出したからって、幸福実現党が宣伝に使えるほどのものでもなかろうからねえ。ちょうど、民主党が厳しい状況《じょうきょう》に陥《おちい》るころだっただろうから（注。民主党は、二〇一三年七月二十一日に行われた第二十三回参議院議員通常選挙で、前年の衆議院議員総選挙に引き続き、大敗した）。その〝信号〟がいったい何なのかは、よく分からなかったかもしれないなあ。ハッハッハッハッハ。

司会　舛添《ますぞえ》（要一《よういち》）さんも都知事になられて、お弟子さんとしては活躍《かつやく》していらっしゃると思うんですけれども。

篠原一　弟子筋《すじ》は、学者とかがけっこう多いしねえ。政治家になってるのもいるし、「右」も「左」もいろいろいるんだけどねえ、たくさん。

司会　「死後の世界、霊《れい》の世界でこのあとどうなっていくか」ということも、だいたいお分かりになっているわけですよね？

篠原一　いやあ、それは宗教家じゃないから、そんなに詳《くわ》しくは知らないけどさ。私も昔、発ガンしてね、丸山《まるやま》ワクチンで治癒《ちゆ》したことがあって。丸山ワクチンを、当時の厚生省に認めさせようとする運動もやっててね。まあ、市民運動の一部だけれども、やってた。これは大川総裁も知ってると思うけどねえ。

そういうのもやったんで、「死と直面する」っていうのは、四十代ぐらいから、自分もやってたから。四十代でガンになって、九十まで生きるとは、まさか思わんかったがなあ。まあ、何らか天命はあったのかなあ。

大川真輝《まさき》が考える「篠原一氏霊言《れいげん》の論点」

司会　（質問者の大川真輝、大川裕太の両名を指しながら）今日は、大川総裁の息子《むすこ》さんをお二人、指名されましたので……。

篠原一　うん。今日は、総裁ももう〝あれ〟だから、私もちょっと、お子さんがたにどのくらい〝教え〟がきちんと入っとるか、少しチェックしとこうかなあと……。

大川真輝　篠原先生、いちおう、私は、お呼ばれして来ているんですけれども、「引導《いんどう》を渡《わた》すために来たな」というようには思っておりまして……。

篠原一　引導！　ううーん。

大川真輝　大川総裁は、明後日《あさって》に岡山《おかやま》支部で行事を行う予定がございまして、本日の収録が総裁のほうにもエネルギーの負担《ふたん》になりますので、「できるだけ、それほど重い話にならずにお還《かえ》りいただけるのが、いちばんありがたいな」というようには思っていますす（真輝注・非常に素晴らしいお話を頂き、ご無礼《ぶれい》があったことを今は反省しています）。

篠原一　そんな簡単に還らん。行くところがないもんねえ。

大川真輝　（『篠原一東大名誉教授「市民の政治学」その後』を手に取って）ということもありまして、この霊言《れいげん》を読み返してみたんですよ。そうしますと、論点としては、ほとんど答えられていまして……。

また、私どもがいちばん訊《き》きたいところは、大川総裁とのかかわりの部分なんですけれど、そこに関しては、かなり具体的に答えてくださっています。

篠原一　ああ、そう。

大川真輝　もし論点として残っているところがあるとしましたら、「死後、何か思想が変わられたのか」ということです。

篠原一　ああ、宗教論に変えようとしてるのか。

大川真輝　あるいは、「守護霊《しゅごれい》とご本人では、思想の違いのようなものがおありになるのか」というあたり、これが一つです。

もう一つは、今日は私どもが呼ばれて来ていますので、何か個別に訊きたいところや、突《つ》っ込《こ》みたいところがおありなのであれば、そこが新しい論点になるのかなと思っています。

篠原一　うーん。

「必要なところに終わりになって、役に立たないですまなかった」

篠原一　今は、だいたい死ぬと、みんな呼ばれなくても、ここに来てるんだろう？　何かいろいろ。

司会　「必ず」ではないですけれどもね。

篠原一　ええ？

大川真輝　ただ、「九十歳《さい》で老衰《ろうすい》になって来られる」というのは、かなり珍《めずら》しいケースかなと思います。

篠原一　うーん。でも、普通《ふつう》は外から挨拶に来てくれるんだと思うんだが、来てくれない場合は、こちらから出かけないといけない場合もあるわなあ。だから……。

司会　それだけ、「何か、おっしゃりたいことがある」ということですよね？

篠原一　うん。まあ、一回、（大川隆法に）会いたかったね。ちょっと会いたいかったから。三十何年会ってないんでね、会いたかったから……。

（幸福の科学は）何か政治のほうまで、最後、入ってきたからねえ。だったら、これなら、まだ話ができるから。「宗教だけだったら、ちょっと話ができないかなあ」とは思うとったから。最後、政治のほうにも入ってきたから、それなら、ちょっと話はできるかなあとは思ってはいたんだけど、具体的なところまでは行かずに終わったんでなあ。

いやあ、教え子がいろいろな方面で活躍すること自体は別に構わないんだけどねえ。どんな思想・信条を持っても、それは別に構わないので、あれですが。私だって、「保守」から「革新」まで幅広《はばひろ》く指導していましたからね。それは別に構わないんだけど。

いやあ、「必要なところに、自分は終わりになったかなあ」とも思った次第《しだい》で。役に立たないで、すまんかったなあ。（『篠原一東大名誉教授「市民の政治学」その後』を指して）君らは、こんな本を出して、期待してた可能性があるが、もう体が動かんでね。すまんなあ、役に立たんで。

「マルクス主義は宗教」という考えには分析《ぶんせき》の余地があった

大川真輝　もし何か、今日、私どもをお呼びしていただいた理由がおありなのであれば、私どもから質問するというより、何か言っていただいたほうがよいかなと思います。

篠原一　うーん……。大川隆法総裁は、在学中に私に対して、「先生、マルクス主義は、やっぱり一種の宗教と考えてもいいのではないですか」という言い方をしてきた。私は、そのときは、「マルクス主義を宗教と考えるのは、あんた、いくら何でも飛躍《ひやく》しすぎてる」という答えは返したんだけどねえ。

「それは、君、いくら何でもバカバカしい話だ。マルクス主義を宗教と考えるのは、いくら何でもバカバカしい。それは、政治学的には、まったく取り合えない意見だ」という言い方はしたんだ。

でも、君らの宗教を母体にして政治ができてきていて、それでマルクス主義の反対のほうを張ろうとしてきているのから見れば（『幸福実現党宣言』〔幸福の科学出版刊〕等参照）、確かに考え方として、「マルクス主義は宗教ではないですか」っていうのは……。

まあ、マルクス自身も「自分はマルクス主義者ではない」と言ってるぐらいだからね。「マルクス主義というのは勝手に走っていて、自分の考えではない」と言ってたし、マルクスの思想を使って政治運動として展開してきたものは、かなりあったかもし

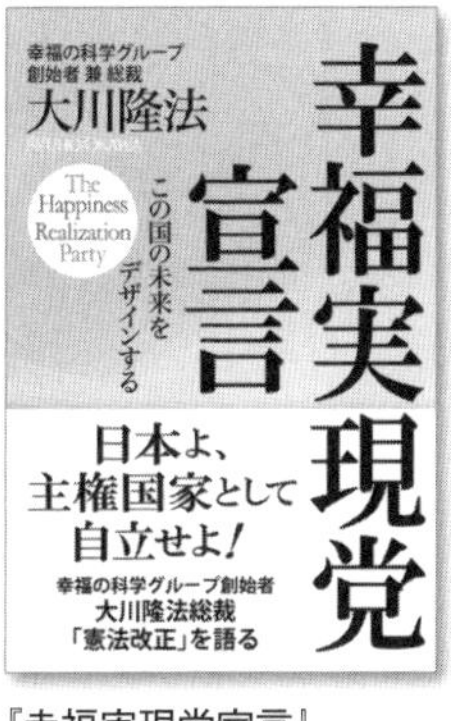

『幸福実現党宣言』
（幸福の科学出版）

れないので、「ここについては、多少、分析《ぶんせき》の余地はあったのかな」というようには思ってはおるんだがなあ。

「マルクス主義」と「マスコミ」の分析《ぶんせき》ができていなかった

篠原一　宗教的要素は確かにマルクス主義にもあるな、ある意味ではね。「神仏《かみほとけ》を信仰《しんこう》はしていないから宗教ではない」という意味では宗教ではないんだけど、「そういう信仰をしない宗教」という考え方もあるからなあ。

確かに、大川隆法君が言ってたようにだねえ、まあ、「マルクス主義自体は、『旧約聖書《きゅうやくせいしょ》』の構造を換骨奪胎《かんこつだったい》して、理論をつくり上げているから、これは完全にキリスト教の原型の部分を、全部引っ繰《く》り返してつくっている」という言い方をしてたと思うんだけど。

それで、「救世主の部分をプロレタリアートの独裁に持ってきた」というところで、「キリスト教系の千年王国の理想を共産主義の理想に置き換《か》えて、全部つくっている」という言い方をしていたところねえ。

ちょっと、私もそのころは、「いやあ、さすがにこれは違う」と思ったんだけれども、よくよく考えてみると、確かに、ユダヤ人のマルクスのなかには、そういうものが流れていた可能性もある。

あともう一つ、見落としていたとしたら、マスコミ分析《ぶんせき》が……。「マスコミも、実は宗教に一部成《な》り代わっている部分がある」というところは、政治学的には、十分に分析ができてなかったかなあとちょっと感じられるので。

その「マルクス主義分析」と「マスコミ分析」のところ、ここを今、こちら（幸福の科学）がやってるのかと思うんだけどね。今、ちょっと言い始めていると思うんだけど、これは政治学的には分析が十分できてなかったかな。今、たぶん、「マスコミの宗教学的分析」などというのは、できていないでしょう。

司会　そうですね。

篠原一　うん。できていない。

3　政治の「市民参加」と「全体主義」について

幸福の科学の政治運動と左翼《さよく》運動の違《ちが》いをクリアにしてほしい

大川裕太　篠原先生、今日はご降臨くださり、ありがとうございます。私は、今……。

篠原一　ああ、君ねえ……。藤原《ふじわら》帰一《きいち》君（東京大学教授・国際政治学者）はどうだい？（注。藤原帰一氏については、二〇一四年三月二十六日に守護霊霊言《しゅごれいれいげん》を収録している。『危機の時代の国際政治――藤原帰一　東大教授　守護霊インタビュー――』〔幸福の科学出版刊〕参照）

大川裕太　（笑）お元気に授業をしていらっしゃいます。

篠原一　そうかあ。

大川裕太　はい。私は、今、かつて先生が授業をされていた「ヨーロッパ政治史」という授業を、駒場《こまば》の「九百番教室」（講堂）で、先生の弟子《でし》筋《すじ》の教授の方から教わっています。

今、マスコミについてのお話もございましたけれども、篠原先生から今の政治について一つお訊《き》きしたいことがあります。

篠原先生は、「市民の政治学」ということで、かなり「政治の市民参加」とい

『危機の時代の国際政治
──藤原帰一 東大教授
守護霊インタビュー──』
（幸福の科学出版）

うことをおっしゃっていましたが、最近、学生の政治運動のようなものとして、例えば、「SEALDs《シールズ》（自由と民主主義のための学生緊急《きんきゅう》行動）」と呼ばれる団体等が盛り上がってきています。

篠原一　うん、うん、うん、うん。

大川裕太　安全保障法制、平和安全法制に加えて、原発問題など、さまざまなものを絡《から》めて、市民が自発的に国会前でデモをやっていこうとしているような流れがあるなかで、今おっしゃったマスコミというのは、それを、「ある意味で煽動《せんどう》していっていた」という状況《じょうきょう》であったかと思います。

生前の篠原先生が、今のそうした状況をご覧になっていたかどうかは分かりませんが、先ほどおっしゃった、マスコミに関連して、もし、現在の政治についてお考えがあれば、よろしくお願いいたします。

篠原一　それは、大川総裁に、もうちょっとやってもらいたいことのなかにも入ってるわけだけども。まあ、マスコミや、学生運動や、あるいは、労働者の運動も含《ふく》めた、いわゆる「左翼《さよく》運動」のなかには、確かに極《きわ》めて宗教的な部分もあるんだよね。それは感じてると思うんだけど。

この宗教的な面も持ってる「左翼運動」と、いわゆる「宗教」とのぶつかりがある。

あるいは、「市民参加」っていうと、あなたがた的な反応としては、「左翼的なものだ」と捉《とら》えがちだろうと思う。ただ、市民参加の考えのなかには、まあ、例えば、大川総裁も勉強された、ハンナ・アーレントも、いちおう「参加の政治学」を言ってるわけだよね。そして、おたく（幸福の科学）も、こういうハンナ・アーレント的な思想を取り入れているよね。

このハンナ・アーレント的な思想のなかには、「参加の政治学」で、「政治は参加するところに意義がある」というか、「参加してつくり上げていかなければいけないんだ」という考え方がある。

さらに、「人間は、『遊ぶ人（ホモ・ルーデンス）』ではなくて、『政治する人』でもあるわけで、政治運動をするところに、人間の人間たるゆえんがある」という考え方だよね。だから、そういう意味で、「政治活動をすること自体には意義がある」と考えた。

そういうハンナ・アーレントの思想、および、まあ、左翼がかかわっていると思うけども、今の、ＳＥＡＬＤｓや、その他の学生も含めての運動、および、それのなかにある一部の宗教的な面。それと、あなたがたの宗教的な政治運動と、このへんの整理が、すっきりとできているのかどうか。

それから、あなたがたは、「原発」等も「推進」でいっているけど、（一方で）「反原発運動」のなかにも、確かに、宗教勢力がかなり入っているのは事実だよね。それには、仏教もキリスト教も入っている。

もちろん、全部反対ではないとは思うけれども、宗教政治学的には、このへんを、どういうふうに整理していくのかねえ。

このあたりは、「参加の政治学」を考える意味では、やはり非常に重要なところではあるので。

もし、「そういう、異議申し立て型のものを全部、封《ふう》じ込《こ》める」というかたち……、まあ、「安倍《あべ》政治が、そうだ」とまで断言はせんけれどもね。仮に、安倍政治がそういう方向に向かっているとして、あなたがたが、その政治を全面的にサポートしているなら、あなたがたが、ゲシュタポの役割というか、ナチスの突《とっ》撃隊《げきたい》みたいに、ほかの宗教や学生運動を黙らせる運動をしている可能性だってあるわけだから。
それについて、もう少しクリアにしなきゃいけないんじゃないかなあ。
篠原一氏の霊《れい》が考える、大川隆法と丸山眞男《まるやままさお》の類似性《るいじ》と違《ちが》い

大川真輝　今日、私は質問をする気がなかったのですが、お話を聞いていたら、質問が出てきてしまいまして……。

篠原一　おおー。それはいいことだ。

大川真輝　（笑）丸山眞男《まるやままさお》先生なども、よく、戦時中の日本の全体主義体制のようなものを嫌《いや》がって、討議デモクラシー、つまり、「もっと話し合いによって、アテナイのような感じで、政治参加をしていきながら考えていかなければいけな

●丸山眞男（1914～1996年）　日本の政治学者、東京大学名誉教授。左翼の論客として、1960年の安保闘争の理論的リーダーでもあった。自身のゼミから多数の政治学者を輩出し、「丸山学派」と呼ばれた。主著は『日本政治思想史研究』『日本の思想』等。（『日米安保クライシス』〔幸福の科学出版刊〕参照）

い」と言っておられたと思います。

それと、大川隆法総裁の、全体主義批判として、アーレント的に、「『自由が大切なのだ』と、複数性を持った市民が声を上げていくことを許容しなければならない」ということには、ある種、少し似ているような面を感じるときもあります。

篠原一　うーん。

大川真輝　ただ、その〝果実〟として出てきている活動を見ると、正反対のものになっているというあたりについてはいかがでしょうか。

篠原一　「丸山眞男は留置場《りゅうちじょう》にぶち込まれて、大川隆法さんは、まだ入ってない」っていう、その違《ちが》いじゃないかなあ。（留置場に）入れられたら一緒《いっしょ》になるかも

●留置場にぶち込まれて　丸山眞男は、1933年、本郷仏教青年会館で開かれた唯物論研究会創立記念講演会に出席したことで逮捕され、本富士署の留置場に勾留されたことがある（丸山眞男著『自己内対話』等）。

しれない。

大川真輝　でも、意外と、どちらもアーレントを使ったりされるので。

篠原一・元東大名誉教授の霊に、大川隆法総裁と丸山眞男との違いについて質問する大川真輝常務理事。

篠原一　確かに、アーレントも、ユダヤ人弾圧《だんあつ》を受けたから、迫害《はくがい》されるほうから見れば、ナチスは極右《きょくう》で、全体主義に見えるでしょう。あなたがたが、それに抵抗《ていこう》する者と思想的に与《くみ》するんだったら、なんで、あなたがたとSEALDsの意見が分かれるのかが分からない面はあるわけよ。ねえ?

まあ、「丸山眞男と大川隆法の類似《るいじ》性と違いはどこにあるか」って、まあ……、両方、秀才《しゅうさい》だし、天才肌《はだ》であることは間違いない。

思想の量から見れば、丸山は本をあんまり書かない人だったから、あとで他人がまとめてくれたものがほとんどで。談話は得意だけど、本は書かない人であったから。一方、大川総裁は、世界的な多作家だからねえ。それは、だいぶ違うとは思うけど。

確かに、戦後の日本の政治学徒のなかで、天才といえば天才だろうねえ。私らは、秀才の範囲《はんい》だと思うけども、天才肌の思想家だったとは思うわねえ、東大法学部が生んだなかではねえ。これは、もう少しはっきりしてもらわなきゃいけない。

（大川隆法は）丸山さんに対して、かなり厳しい批判をされていらっしゃるようには思うんだけどねえ。まあ、でも、時代が違うのかもしらんけどねえ。

「戦中」と「戦後」の体制がガラッと変わるところを見た人は、やっぱり、それが「新世界」に見えたからねえ。だから、そちらを肯定《こうてい》して、戦後は左翼もかなり流行《はや》ったしねえ。そういう、民《たみ》に権力が全部開放されて、お上《かみ》の権力が崩《くず》れたのを見たときは、みな、「そちらが正義」と思って判定するから、その前のものを否定するのは当たり前といえば当たり前でしょう。

それを、人よりちょっと早く否定して、そういう体制、つまり、お上の独裁体制みたいなものを人より早く否定してた人がいたら、時代の先駆者《せんくしゃ》としての〝予言者〟のように見えたことは事実だわな。

その先駆者、予言者みたいに見えたところが、丸山先生が、戦後、グーッと持ち上げられて、天才といわれた部分だろうとは思うんだけど。

それも、戦後が長くなってくると、それが当たり前になってきて、だんだん、また違う思想も、まあ、〝逆流〟してきたんだろうと思うんだよね。日本も、戦後が長くなって、戦前を知らない人が増えてきたので、今、また思想的に転換点《てんかん》が始まっているんだと思うんだけどねえ。

4　幸福実現党の言論・政治活動を分析《ぶんせき》する

幸福の科学の言論戦の「早さ」を危惧《きぐ》する

篠原一　だから、いろいろ難しいあたりなんだけど、いやあ、君らも立ち位置的には難しいよ。

思想的には、「安倍《あべ》さんらの先駆《せんく》」みたいなことも言うてはいるけども、それで君らが得するのかどうか分からない面もあってね。

本当に、下手《へた》すると、「かませ犬みたいに走らされて、最後は掃討《そうとう》される」という可能性もないわけではないからさ、政治的に見ればね。政治の怖《こわ》さを知れば、そういう可能性もないとは言えないので。

まあ、民主党政権が立って、それを潰《つぶ》したところで、君らの使命が終わったのか、終わっていないのか。ここが、一つのクエスチョンだな。

大川裕太　私たちの使命としては、もう少し先のところにあって、安倍政権の先を見据《みす》えてはいます。

大川総裁も、「安倍政権にも、全体主義的傾向《けいこう》というものはある」というように述べていますし（『沖縄《おきなわ》の論理は正しいのか？——翁長《おなが》知事へのスピリチュアル・インタビュー——』〔幸福の科学出版刊〕参照）、やはり、幸福実現党には、そういう自民党型の、上からの政治と違《ちが》う面があります。

それに、私たちでさえも、マスコミから「言論の自由」をやや狭《せば》められている側の立ち位置であるとも言えますので、そういう意味で、私たちの活動は、ある意味で、市民の運動と似たような面を持っていると思います。

篠原一　でも、まあ、君たちのところは、「安倍談話」で安倍さんが明確にするのを逃《に》げた論点を、すごく明確化している。

だから、外国とぶつかる前面の部分に出たような、まあ、戦《いくさ》で言えば〝先鋒《せんぽう》〟みたいな感じだ。安倍さんが言ってもいないことを明確に言って、〝チャンチャンバラバラ〟と始めて、あとから、おっとりと言論戦が始まりそうな雰囲気《ふんいき》になってきたような感じには、今、見えるわねえ。

「早い」ということが、君たちの手柄《てがら》になるのか。それとも、君たちが〝生贄《いけにえ》〟になりたいのか。このへんは、私らから見ると、よく分からんところなんだがなあ。

「恩師として、心配なところと危険を知らせたい」

篠原一　韓国《かんこく》や中国に嫌《きら》われて、君らは国際伝道できるのか？

大川真輝　基本的に、安倍談話の問題に関しては、おそらく、中国と韓国の目を必要以上に気にしすぎているのかなとは思います。

篠原一　そうそう。もちろん、それはそうだろう。

大川真輝　「村山《むらやま》談話」が出されたあと、中国が何をしたかといいますと、自国の歴史教育を強化しています。江沢民《こうたくみん》が、「愛国教育」の名の下《もと》に国内の反日思想を徹底《てってい》的に強めました。

篠原一　うん。

大川真輝　そして、韓国が、「村山談話」に対して何を言ったかといいますと、「被害《ひがい》を受けた国が韓国だというように特定し、名指《なざ》しをしていないから、まだ謝罪が十分ではない」と言って、さらに怒《おこ》り上がったのです。

篠原一　うん。

大川真輝　そういうことを考えますと、いかに謝《あやま》ったところで、また何か粗《あら》を探して、日本に対して難癖《なんくせ》をつけてくるわけです。

篠原一　まあ、中国の精神分析《ぶんせき》は難しいわなあ。そうやって、日本に、「(日本は)過去、中国を侵略《しんりゃく》して、非人道的な、ナチス同然のことをやった」みたいなことを言いつつも、自分らは、南下政策を着々と進めてるよな。これには、まさしく、ナチスのように見えるところはあるわねえ。「現代のナチス」のように見える。ところが、その現代のナチスについて警鐘《けいしょう》を鳴らそうとしたら、相手は、「おまえら（日本）が七十何年前にナチスだった」というような感じで、一生懸命《いっしょうけんめい》言ってきて、ユネスコ等で喧嘩《けんか》になる。

ユネスコで喧嘩をするのは、自民党はあとからであって、あなたがたの幸福実現党のほうが、先に〝チャンチャンバラバラ〟とやっているっていう状態だなあ（注。幸福実現党は、中国による「南京《ナンキン》大虐殺」「従軍慰安婦《じゅうぐんいあんふ》」の世界記憶《きおく》遺産への登録阻止《そし》に向けた活動を、日本政府に先駆けて行っていた。保守の言論人のほうからは、「この問題に初めから取り組んでいたのは、幸福の科学と幸福実現党だけだ。本当に的確だ。もっともっと評価すべきだ」という趣旨《しゅし》の声が上がっている）。

ただ、これは、立ち位置としては、まあ、賢《かしこ》くないと、最後、どういうことになるのかは、まだ分からんところはあるねえ。

うーん。極《きわ》めて難しいところはあるねえ。

例えば、村上春樹《むらかみはるき》あたりだと、「北京《ペキン》の書店で、自分の本が売られなくなるような世界は嫌《いや》だ」と言っておれば、それで済《す》むんだろうけど、大川隆法総裁にあたっては、自分の本が北京の書店から消えようが、消えまいが、そんなことは関係ないんだろう？　絶対に、言いたいことを言うんだろう？　まあ、それはそうだろうとは思うけどさ。それが、文学者と宗教家の違いだろうけど。うーん。

いや、恩師として、心配なところと、もし、何か危険があったら、何とか知らせておきたいところと、気持ち的に両方あるんでね。

いやあ、大丈夫《だいじょうぶ》かなあ。総裁は、喧嘩っ早《ぱや》いというほどでもなくて、慎重《しんちょう》なところは慎重、緻密《ちみつ》なところは緻密ではあったんだが、譲《ゆず》らないところは絶対に譲らないような人ではあったので、難しいんだけど。まあ、筋《すじ》を曲げないところが、多くの人が、あとからゆっくりついてくるところになっているのかなとは思うんだけどね。不利でも言うからね。自分たちが不利でも言うことは言うので。

ただ、団体の運営者として、それがいいのかどうかは分からない。だから、政党が立つのが遅《おく》れたり、大学が認可されるのが遅れたりはしてる可能性はあるわな、現実はな。

「アンチ権力が存在根拠《こんきょ》」と思い込《こ》んでいるマスコミ

大川真輝　裕太の出した、『幸福実現党テーマ別政策集1　「宗教立国」』（大川裕太著、幸福実現党刊）などに関してのご意見というのは何かありますか。

篠原一　うーん、霊的《れいてき》に感じるだけしか……。そん

『幸福実現党テーマ別政策集1　「宗教立国」』（大川裕太著、幸福実現党）

な、細《こま》かく内容まで分からないので、言えないんだけど……。

マスコミというか、まあ、テレビは何でもありだから、思想性が意外にないんだけど、新聞とかには思想性はあるので、全国紙のレベルで見ると驚天動地《きょうてんどうち》でしょうね。それを分けるのが、戦後の教育そのものだったわけだから、「宗教立国」っていうのは、「コペルニクス的転回」ではあろうね。

それで票が取れて、それで勝てると思ってるっていうのは、本当に真面目《まじめ》な話なのか、あるいは、政治的には玉砕《ぎょくさい》のつもりで、「宗教的に勝てさえすればいい」と考えて、兵法《へいほう》を組み立てているのか。このへんは、私もよく分からないなあ。

大川裕太　でも、篠原先生が心配されていらっしゃるところは、おそらく、今、篠原先生の流れを受け継《つ》いできている市民運動の人たちにも共通することだと思うのです。

篠原一　うん、うん。心配しているのは同じだなあ。

大川裕太　いつも弾圧《だんあつ》の危機にさらされていますし、活動の永続性に関しても、例えば、「安保《あんぽ》法制が通ってしまったら、その活動は止まってしまうかもしれない」というふうに、いつも、そういう状況《じょうきょう》であるというところも、市民運動の限界の一つなのかなと思ってはいるのですけれども。

篠原一　うーん。

大川裕太　私たちには、きちんとした組織がありますし、「教団の永続性」ということも考えた上で活動してはいます。やはり、そのあたりも、篠原先生の理論の……。

篠原一　だからさあ、市民参加の内容には、「右」から「左」までありえるからね。市民参加には両方ある。

まあ、マスコミは、左翼《さよく》のほうを取り上げる傾向があって、右翼のほうは取り上げない傾向があることは事実だけどね（笑）。右翼のほうを取り上げる傾向がややあるのは、産経系が少しだけあるぐらいで、普通《ふつう》は、顰蹙《ひんしゅく》を買うから取り上げないようにしてはいるわね。嫌々《いやいや》、好意的な扱《あつか》いをするけど、まあ、取り上げない。

一方、左のほうは、小さくても大きく取り上げるっていう気《け》はある。とにかく、基本的にマスコミっていうのは、「アンチ権力」がレーゾンデートル（raison d'être）、つまり、存在根拠《こんきょ》と思ってるところがある。

例えば、沖縄なんかについても、あなたがたからすれば、必要以上にマスコミが応援《おうえん》してるようには見えると思うけど、いちおう、権力と対決するのが、マスコミの存在根拠と思ってるところがあるから。

「左に寄っているから」というよりは、「マスコミ自体は、そうでなければならない」という思い込《こ》みがあることはあるんだろうと思うんだけどねえ。

だから、あなたがたのことを応援するマスコミっていうのは、基本的に、もともと存在していないわけよ。「自由新報《しんぽう》」（自民党の機関紙。現・自由民主）なんかでは、世論《せろん》は全然動かないだろう。

大川裕太　（笑）

篠原一　まあ、例えばな。

5　政治の「価値判断」はどうあるべきか

支持者をある程度集められなければ、政府は動かせない

大川裕太　先ほど、「市民運動には左から右までありえる」というようにおっしゃっていましたし、私たちも実際に幸福実現党として声を上げていますので、「市民運動」と括《くく》ることも可能でしょうけれども、やはり、そのなかで「価値判断」というのはあると思うのです。

篠原一　なるほど。

大川裕太　善悪を見抜《みぬ》くことができるのが宗教です。この間も、藤原帰一《ふじわらきいち》先生の授業を受けていたら、「国際政治学において、政治学者は『分析《ぶんせき》』をするのであって、『善悪』を決めるのは宗教の仕事だ」というような話をされていました。

篠原一　（笑）（膝《ひざ》を叩《たた》きながら）それは、もう駄目《だめ》だよ。そりゃあねえ、帰一君は、ちょっと減俸《げんぽう》処分だな。三万ぐらい引かなきゃいけない。

大川裕太　（笑）その一方で、篠原先生としては、例えば、丸山《まるやま》ワクチンの認可を求める運動など、そうした市民運動のなかにおいても、おそらく、何かしらの「価値判断」をお持ちだったと思うのです。

篠原一　うーん。いや、宗教に理解がなかったわけじゃないのよ。

自分もガンを患《わずら》ったし、ガンを治す運動でも、丸山ワクチンとかが認可されたほうが、やっぱり、大勢の人が安心して使えるようになるから、認可させようと思ったけど、なかなか認可しないんだよ、厚生省《こうせいしょう》（現・厚労省《こうろうしょう》）がねえ。

篠原一・元東大名誉教授の霊に、政治における「価値判断」のあり方について質問する大川裕太理事。

私らが中心になってやって、「私は実際にそれで治った」って言っても、「いやあ、それはまだ、科学的に実証される段階までは来ていない。あんたはたまたま治ったかもしらんけど、気のせいかもしれないし、奇跡《きせき》かもしれないが、それは分からない。だから、それは薬が効いたとは限らない。効くと思えば何でも効くこともあるから。プラシーボ効果みたいなのもあるからねえ。そうかも分からん」ということで、結局、なかなか聞いてくれなかった。

まあ、あんたがたが言っても聞いてくれないことはあるけど、東大教授が言っても聞かないんだから、そらあ、なかなか……。もう本当に、うるせえ連中《れんちゅう》だなあと思うけどね。

「多少は言うことを聞けよ」という気はするんだけど、まあ、「言うことを聞いてくれないから市民運動が必要だ」っていうところもあるわけで、聞いてくれるんなら要《い》らないんですよ。

一人が言って、それで「はい、分かりました」って処理してくれるんなら、市民運動なんか必要ないけど、そんな、いい政府じゃないのでね。上へ行くほど言うことを聞いてくれないので、「数がある程度要って、多少、運動をやって、ほかの人にも知らせていかなければ動かせない」っていうのはある。これは、江戸《えど》時代だろうが何時代だろうが、原則は一緒《いっしょ》なんだよ。そういうところがあるんでね。

だから、内容が何であるかは別として、「UFOを認めたい」とか「幽霊《ゆうれい》を認めたい」とかいうことだってあるかもしれないし、ほかのものもあるかもしれないけども、やっぱり、ある程度、世の中の数が動かなければ、行かないところはある。

「丸山ワクチンに賛成の人を五十パーセント以上つくる」っていったら、それは簡単ではないわなあ。経験していない人が圧倒《あっとう》的に多くて、経験した人はごく少ないからねえ。それで治ったりした人は、もちろん信じるけど。

君ら宗教でも「病気が治った」っていうのを言う人がいるだろうけども、それは数で言うと、日本全国から見れば圧倒的に少ないからねえ。そうなかなか何十パーセントも支持は出ないわね? まあ、そんなのと似たところがあるので。

「文科省は〝ものすごく巨大《きょだい》な時限爆弾《ばくだん》〟を抱《かか》えている」

篠原一　まあ、蚊《か》が刺《さ》すようなものかもしらんけど、でも、やっぱり、蚊だって〝戦闘力《せんとうりょく》〟でしょうねえ。蚊が刺すとなったら、夜が眠《ねむ》れなくなるからね。だから、権力の側はやっぱり眠れなくなるところがあるわけだ。
まあ、これは私も知ってるけども、文科省だって、(二〇一四年の)幸福の科学大学不認可のところは、そうは言ったって、「〝ものすごく巨大《きょだい》な時限爆弾《ばくだん》〟を抱《かか》えている」と思ってると思うよ。うーん、そうだと思うよ。

それは、認めても叩かれるし、認めなくても叩かれるのが分かってるけど、「認めなかったら怒《おこ》るのは幸福の科学だけで、認めたらほかのものがいっぱい怒ってくる。当座《とうざ》はどっちのほうが被害《ひがい》は大きいか」みたいなことを、今は考えてやってるはずなのでね。

まあ、ほかの勢力があなたがたを応援《おうえん》するような流れが出てきたら、考えを変えざるをえないから、結局、市民参加、市民運動の問題に似てくるんだよな、やっぱりねえ。

「新宗教に市民権を与《あた》える」ということだけど、ほかの宗教だって、同じようなことを願ってるからね。だから、「幸福の科学を優先することが、ほかの宗教たちも認める内容まで行くか、行かないか」っていう、この政治家の肌《はだ》感覚のところだと思うんだよなあ。

「連立政権のほうがいろいろな意見を反映しやすい」

司会　今、裕太さんが訊《き》かれていたのは、その中身の「価値判断」についてですよね。

篠原一　中身の価値判断？

司会　ええ。

篠原一　うーん……。中身の価値……。何の中身が？

大川裕太　市民運動が右から左まであるなかでも、篠原先生ご自身は、ある程度、価値判断をされていらっしゃったのではないかと思うのです。

例えば、幸福実現党は、「善悪」というものをしっかり見極《みきわ》めています。具体的に言うと、市民運動のなかには、平和安全法制への賛成の運動も、反対の運動もあると思いますが、そのなかでも幸福実現党は、やはり、「この国を護《まも》るというのは正しいことだ」と考え、国防は善だと思って動かしているところがあります。

この意見がたまたま、今回の内閣の方針と一致《いっち》していたために、内閣、あるいは政府と同じような見解になってはいますけれども、われわれの価値判断は、政府とはまた別に存在しているのです。

篠原一　まあ、考え方はいろいろあると思うんだけど、私は……、何て言うかなあ、政治学者の意見を政治家が聞いてくれることもあるんだけどね。それがちょうど「すれすれ」ぐらいのときは、よく聞いてくれるのよね。（議席数が）過半数すれすれぐらいのときはよく聞いてくれるんだけど、圧倒的多数になると、だいたい聞く耳を持たなくて、自分ら（政治家）の考えだけでバーッと独走するので。まあ、長年やってきた感じで見るとね。

だから、私なんかがその連立政権、連合政権を言い始めたころは、まだ、自民党一党独裁がずっと続いてた状態だった。「五五年体制」がずっと続いてたころに、私が、「連合政権、連立政権は可能だ」っていうことを、七〇年代の後半ぐらいから言い始めて、九〇年代に入ったら、実際に連立政権が成立した。

まあ、これは、あんたがたから見りゃあ、評判の悪い村山《むらやま》「自社《じしゃ》さ」政権だったり、細川《ほそかわ》連立政権みたいな、あんなのもそうで、この細川・村山のあれは、どちらかというと、あんたがたは好きではない〝あれ〟でしょうけども。

「ある程度、ほかの勢力を組み入れなければ政権が担当できない」ということ

● 55年体制　1955年に成立した、二大政党を中心とする政治体制。与党第一党は自由民主党、野党第一党は日本社会党が占めた。以後、自由民主党の政権維持が40年近く続いた。

になりますと、確かに独走、暴走はしにくくなるし、やや謙虚《けんきょ》になって人の意見を聞こうとする傾向《けいこう》が、政治には出るんですよねえ。

そういう意味で、多少、ほかと合わさって連立でやったほうが、少しはいろんな意見を反映しやすいんじゃないかな。

それは、「政治的には不安定になる」と一般《いっぱん》には言われるんだけども、私の研究によれば、ヨーロッパの政治を見るかぎり、連立しているからといって政権の寿命《じゅみょう》が短いとは必ずしも限らない。だから、「多様な民意を反映する」という意味では、幾《いく》つか連立みたいなものをしてもいいんじゃないかと思う。

「自公連立政権」を発足《ほっそく》前から提唱《ていしょう》していた篠原一氏

篠原一　まあ、これもまた、あなたがたが嫌《きら》うことだろうけども、今、（自民党は）公明党と連立している。大川隆法総裁なんかも、これにはどっちかというと

●**自社さ連立政権**　政権復帰を目指した自由民主党（河野洋平《こうのようへい》総裁）が、日本社会党（村山富市委員長）と新党さきがけ（武村正義《たけむらまさよし》代表）と組むことで誕生した連立政権。1994年6月から1998年6月まで続いた。

ネガティブだったけれども、私のほうは、「公明党を連立の核《かく》にしたら、できるのではないか」っていうようなことを言ってはいたんだけどもね。私のときにはまだ実現してなかったことだけども。

確かに、自民党の保守本流の考えとは違《ちが》ってはいるんだけど、でも、ニクソンの訪中以来、（アメリカと）中国とのパイプが急に太くなってきたので、公明党、創価学会《そうかがっかい》系の考えのほうに、自民党がシフトしなきゃいけなかったというか。まあ、アメリカが中国本土と蜜月《みつげつ》になるんだったら、日本だって遅《おく》れるわけにいかないので、たまたま合わせなきゃいけない時期が来たんでねえ。

そういう意味で、そんな考え方も提唱《ていしょう》はしたんだけど、現実には……、まあ、公明党は野党としてやろうとしたこともあるけど、危なくなったら自民党に擦《す》り寄ってやってるようなところで、今度は、公明党 対 創価学会の分裂《ぶんれつ》も、多少危《き》惧《ぐ》されるような状況《じょうきょう》になってはいるんだけどね。

●**細川連立政権**　日本初の本格的な多党派連立政権。公明党など7党1会派が連立し、日本新党の細川護熙《もりひろ》代表が首相を務めた。1993年8月から1994年4月まで続いた。

まあ、ゼミをやってたころにも、そういうふうな話をしてたんだけどね。だけど、実際は、十年から二十年早く私が言ってたことを参考にしてた人たちが、現実の政治でやり始めたということはあったけど、それがよかったかどうかは分からない。それからあとが、「失われた二十年」とか、そんなものになった可能性もあるので、（自民党の）一党独裁のほうがよかったのかどうかは、ちょっと分からないがなあ。

「幸福実現党は準備が足りていない」とマスコミは考えた？

大川裕太　そのあたりに関しては、当会としても、とはいえ幸福実現党が票を取らなくてはいけませんので、やはり、小選挙区制ですと、一党が議席を独占《どくせん》しやすく、小党から当選者を出しづらいというのもあります。

篠原先生のおっしゃっている「（ヨーロッパ）大陸型の連立政権のようなもの

のほうが好ましい」ということを、大川総裁も、家ではボソッとおっしゃっていたこともございました。

篠原一　うーん。まあ、それは現実に、維新《いしん》（の党）とかに議席をだいぶ持ってかれたからねえ。あとから出たのにね。あっちに持ってかれて……。あの部分に（幸福実現党が）入《はい》れてたら、いやあ、面白《おもしろ》かっただろうとは思うけども。

ただ、ちょっと、うーん、どうだろうかねえ。マスコミも完全なバカではないので、幸福実現党そのものが政治として独立するっていうか、「政治家として自分たちが活動できて、やれるだけの準備が、まだ十分にできていない」っていう感触《かんしょく》を持ってたのかなあという気はするね。

維新のほうは、まあ、看板だけだけど、いちおう現職をやってるような人たちもだいぶ集まってはいたからねえ。

大川総裁がやってても、やっぱり、宗教家ではあろうから全部はできないし、市民運動風にやったとしても、「宗教の教祖がいる」ということになりますと、一般的な目線から見ると、それが全体主義的に見えるっていう面はあるので、「これに対してどう考えるのか」「どう言い返すのか」という問題はあっただろうねえ。

かつての社会党と同じことが起きそうな公明党

大川真輝　今、細川政権と村山政権のお話がありましたけれども、ただ、その政権が出てきてくださったおかげで、〝揺《ゆ》り返し〟としてではありますが、自民党の強化にもつながった面があるのではないかとは……。

篠原一　だけど、それは皮肉があるからねえ。村山さんには、あんたがたも恨《うら》み骨髄《こつずい》なのかもしらんけども、村山さんを首班《しゅはん》にして連立政権が立ってきたことで、社会党がなくなったっていうのは、もう恐怖《きょうふ》の体験だよね。

大川真輝　（笑）そうですね。

篠原一　「総理は出した。党がなくなった」って、こんなの……。「それが実際に分かっていたら、受けたかどうか」っていうのは、やっぱりすごくあるねえ。「一《いっ》か二分の一政党」っていって、社会党は、自民党の半分ぐらいの勢力をずっと持ってたんでね。それが一種の批判の受け皿だったから。

ところが、なんと、「総理を出したら党がなくなった」っていう。党是《とうぜ》、政策を変えたら全部なくなっちゃったなんていうのは、恐《おそ》るべきこと……。

これが、実は今、公明党に起きようとしてることなんだよね。

大川真輝　はい。

篠原一　もし、自民党寄りに全部変えていったら、創価学会のほうが政治運動をやめちゃう可能性が出てきてるんだよなあ。政治をやるための創価学会が、政治ができなくなったら、たぶん次には、「何のために集まっていたのか分からなくなる」っていうことが出るわね。

資金集めも全部、「軍資金」と称《しょう》して集めてるからね、彼らは。ここにもう一つ、〝次の実験〟があるかもしれないので。

まあ、君らは今のところ、方針を変えないで負け続けてるから、何とも言えないんだけど。

篠原一氏が考える「宗教政党の課題」

大川真輝　もし、幸福の科学と幸福実現党の間に、何か齟齬《そご》が起きるようなことがあるとしたら、どのあたりになりますか。

篠原一　いやあ、それは、政権入りしたら起きることはあると思うよ。合わせなきゃいけないことがあるでしょ？　連立する以上、与党《よとう》の考えに合わせないといかんところと、こっちが言うことに譲歩《じょうほ》するところがある。例えば、「安倍《あべ》談話」のときとかでも、もし連立していたら、「安倍談話」が玉虫色《たまむしいろ》をした段階で、おたくの釈《しゃく》党首か何かは連立を離脱《りだつ》するんじゃないの？

大川真輝　（笑）

篠原一　その程度の短気だと、やっぱり、現実には難しいよな。

大川裕太　まあ、そうですね。ありうるとしたら、「玉虫色にしたなかで一言《ひとこと》、幸福実現党に配慮《はいりょ》して、（「大川談話」の）『正義の守護神《しゅごしん》』という言葉を入れるか」とかいうぐらいは（笑）、あるかもしれませんけれども。

篠原一　まあ、そんな〝小さな話〟になるだろうねえ。

大川裕太　きっと、その程度でしょうね。

篠原一　だからさあ、あんたがたは「タヌキ・キツネ学」と言うが、実際に政治家をやるには、そういう、何と言うか、自分を騙《だま》しているように見えるけど……、まあ、悪く言えば騙しているし、よく言えば「自制心が要《い》る」ということで、これがないと、政治家ができない面はあるんでね。

異なる要求があるやつを受けて、調整しながらやっていかないといかんのだけど、そういう宗教政党の場合は、「受け付けないもの」と「受け入れるもの」とがはっきりしすぎてて、できない可能性もある。

じゃあ、これがどうなるかだが、政党が大きくなればなるほど、それが問題として噴出《ふんしゅつ》してくるわねえ。だから、一部賛成の兼《か》ね合いだけではやっていけない状態っていうのが出てくるんじゃないかなあ。

だから、宗教活動の一部として、宗教立国で政党運動をやっているとしたら、大きな広がりを持つことは、まあ、現時点ではなかなか難しい。宗教そのものがものすごく巨大化している場合はできるかもしれないけど、宗教そのものが巨大化しているときには、今度は、習近平《しゅうきんぺい》中国と変わらないかたちになる可能性が極めて高いんですよ。反論を許さない体制ですから、あれに極めて近くなるのでね。

このへんは、だから、「マルクス主義を建前《たてまえ》にすると、宗教と変わらないのではないか」という、あれが戻《もど》ってくるんでね。回ってくるんでなあ。うーん。

6 「熟議《じゅくぎ》デモクラシー」の限界

「デモクラシーのなかからナチス政権が生まれた」という事実

大川真輝　先生、話は少し戻《もど》るのですが、戦後、日本では、丸山眞男《まるやままさお》先生などをはじめとして、「『市民の政治学』というかたちで、デモクラシーをもっと発達させなければ」というように言われていました。

篠原一　うんうん。

大川真輝　日本ではこれでもよいのですが、ドイツ等になると、話はまた変わってくるのではないかという感覚があります。
先生のお師匠《ししょう》に当たる岡義武《おかよしたけ》●先生が、『独逸《ドイツ》デモクラシーの悲劇』という本を書いていらっしゃったと思いますが……。

篠原一　うん、うん、うん。

大川真輝　実際、ドイツは、デモクラシーのなかからナチス政権が生まれました。

篠原一　そう。

大川真輝　かつ、ナチスの初めの選挙のときには、別に、単一政党だったのではなく、ほかの政党もあったなかで得票をして、生まれた政権であるわけです。そ

●岡義武(1902～1990年)　日本の政治学者、東京大学名誉教授。専門は政治史、日本政治史。著書に『近代欧州政治史』など。

のあたりが、日本の「上からのファシズム」と、ドイツの「下からのファシズム」というものとの違《ちが》いと表現されているのかもしれませんけれども、こうした「デモクラシーのなかから全体主義が生まれる」という考え方は、日本においてはまだ弱いのではないか、あるいは、考え方として少々見落としているのではないかと感じます。

篠原一　うーん……、だからねえ、ヒットラーの政権基盤《きばん》が「中間層」だったんでね。意外に「中間層」で、いちばん上の貴族や、そういう特権階級でもなく、下層階級でもなかったんでな。「中間層の人たち」が主たる担《にな》い手だったから、まあ、オーディナリー・ピープル（普通《ふつう》の人々）よ。

まあ、一般《いっぱん》ピープルが、実はヒットラーの政権の担い手だったわけだから、これをほんとに頭から否定したら、民主主義だってもう危ないわなあ。「極端《きょくたん》なのはおかしい」っていうのは言えるけど、中間層が主たる担い手だったら……。

これはもう分析《ぶんせき》が終わっているので、間違いなくそうなんですよ。中間層が担い手であって、最終的には、九十パーセント以上の支持率を得て、民主的に政権を取っていっているから。

だから、歴史的に見たら「間違い」と思うようなものが、あるときに人気を得て、急速に広がるときがある。

この理由というのは、私たちもよく分からない。なんでそうなるのか。それは、運命の女神《めがみ》みたいなものがそういう風を吹《ふ》かせるのかどうか。なぜ、ナポレオンに天下を取らせては、あれを島送りにして、百日天下《ひゃくにち》をやらせては、もう一回、島送りにするみたいなことが起きるのかは、われわれにも分からないところがあるんで。

「なぜなんだ?」っていう、そういう「人気」というか、「気運」というか、その「空気」がなぜ出来上がってくるのかについての分析は、やっぱり、理論的には難しいねえ。

熟議をした市民が極端《きょくたん》に振《ふ》れた場合の危険性

大川裕太　ちょうど、実はそのあたりが、篠原先生のおっしゃっている「討議デモクラシー」、今、一般で「熟議デモクラシー」といわれているものの限界ではないでしょうか。

実は、その後のさまざまな研究成果によりますと、「市民というのは、熟議をすると極性化《きょくせいか》してしまう」、「『集団極性化』という現象がある」というように言われているのです。篠原先生の「討議デモクラシー」の議論に対して、いちばん有効な反論としては、そのようなものがあると思います。

篠原一　（笑）

大川裕太　「どうやら、国民というのは、みんなで議論しようとなると、両極端《きょくたん》にぶれてしまうらしい」という可能性が指摘《してき》されてはいるのですね。

実は、市民運動も、これが極端に振《ふ》れてしまった場合、ロシア革命、あるいはフランス革命のようなものも起きてしまいますし……。

篠原一　うーん……。

「波が起きてくる秘密」は、政治学では分からない

大川裕太　これに関しては、「『それなりにいい市民であるかどうか』という質のところが問題になってきている」と、篠原先生はおっしゃっていたと思うのです

けれども、やはり私としては、ここのところが、「『市民の限界』というところもあるのではないか」と思ってはいます。

篠原一　だから、そのねえ、討議するカルチャーがさ、田原総一朗《たはらそういちろう》の「朝まで生《なま》テレビ!」風の、口から泡《あわ》を吹《ふ》いて「ウワアーッ!」と朝まで、意見が合わないままでやるみたいなね。こんなのをいくらやったって、確かに前に進まないよね。「意見が合わない」ということを確認し合ってるだけであればね。

だから、そういう討議、熟議をしても、それで結論が出なければ、それまでだから。それは、一定の時間やったあと、多数決を取るなり、リーダーが判断するなり、足して二で割るなり何かしないかぎりは、「結論」は出ないわなあ。

まあ、多くの意見を反映することは大事だけど、反映した結果、「受け入れられない部分」も、はっきり出てくるからね。その切り捨てられたところの恨《うら》みは、やっぱり延々《えんえん》と残るわねえ。

君らだってそうでしょ？ 自分らの意見はあるけど、（政党の）支持率がねえ……。やっぱり、テレビ的に見りゃ、「支持率は最低でも五パーセントぐらいはないと、紹介《しょうかい》するに値《あたい》しない」と、だいたい考えるだろうから。その考え方を支持するのが、最低でも五パーはなければね。

政権で言やあ、二十パーを切ってきたら、そろそろ退陣《たいじん》ラインに入ってきますからねえ。それから見たら、五パー以上は支持が出なきゃいけないわけだから。「それが出ない」っていうんだったら、「取り上げて話題にする必要はない」っていう、そういう統一意識は、たぶん持ってるんだろうと思う。

（テレビ）番組をつくったって、五パー以下の視聴率《しちょうりつ》だと、だいたい打ち切りも秒読みになってくるんだろうからね、きっとね。深夜番組とかならともかくとしてね。

いや、「人気の秘密」や「空気の秘密」、それから「波が起きてくる秘密」のところは、まあ、研究はしてるんだと思うけど、実に分からない。

逆転も起きるしね。正反対のことが起きてくるっていう。それは、さっき言った、「村山《むらやま》（富市《とみいち》）さんを首相にまで上げる力が働くと同時に、社会党を瓦解《がかい》させる」とか、「民主党が、ガーッと七十パーの支持率を取って、民主党政権ができて、『わあ、世の中が変わった』と思ったら、ガサーッと落ちて、鳩山《はとやま》（由紀夫《ゆきお》）さんは議員を辞《や》めなきゃいけなくなった」とかね。こういうことが、波みたいにパシャーッと来て、サーッと逆に引いていく。押《お》してきて引いていく、何て言うか、上げ潮《しお》と引き潮？　これが、政治には必ず出てくるんだよな。この理由を理論的に分析するっていっても、極《きわ》めて分かりにくいし、予測するとなると、もっと難しい。

まあ、そういうふうに、上げ潮、引き潮があるとすれば、君らがずーっと引き潮のままで待機してるっていうことは、「いつかはどこかで大洪水《だいこうずい》みたいなのが起きる」っていうか、「津波《つなみ》」みたいになってくる可能性もある。長く我慢《がまん》すればするほど、津波が起きてくる可能性はあるのかもしれない。

だけど、今のところ、私にはその原因が……、つまり、何の状況《じょうきょう》を満たせばそういうふうになるのか、まだ答えは出せない。政治学も答えを出せないから、熟議だの討議だの、やっぱり言うてるわけなんだよなあ。

7　現代日本における「市民参加」の正体に迫《せま》る

マスコミが「SEALDs《シールズ》」を持ち上げる理由

大川真輝　最近、幸福の科学の学生と、かの有名な「SEALDs《シールズ》」の学生とで、ちょうど討論というか、熟議をするような機会が設《もう》けられたことがあったんです。それは、ある大学の文化祭でのことだったんですけど。

篠原一　うん、うん。

大川真輝　ところが、「相手の素性《すじょう》が、幸福の科学の学生だ」と分かり、「しかもリーダー格らしい」ということが分かると、相手からキャンセルが入ってしまいました。参加予定だったSEALDsの二人は逃《に》げてしまったんです。

篠原一　ああ、それはねえ、情勢分析《ぶんせき》を間違《まちが》ってるよ。君らからは、SEALDsっていうのは、マスコミとかが取り上げたので、すごく有名な団体で、力があるように見えてるかもしれないけど、マスコミのほうは、単に〝飾《かざ》り〟で使っているのを、十分に知っているので。「刺身《さしみ》のつま」っていうの？　実際に食べるところじゃない、つまの部分、飾りの部分だってことをよく知ってる。造花か何かの、そういう部分だって、よく知ってるんだ。

それは、幸福の科学のほうがずっと怖《こわ》いよ。「怖い」っていうのは、理論的に怖いし、信念的に怖いし、筋《すじ》的にも怖い。「議論しても勝てない」っていうのを、本能的に感じていると思うよ。

やっぱり、飾りの「刺身のつま」と、「マグロの刺身そのもの」とが勝負しようなんていうのは、それは無理だ。そういうことで、逃げるのは賢《かしこ》いと思うよ。一般《いっぱん》的に、勝つ可能性はないもん。

彼らは、利用されてるだけだから。君らは、利用されてないから。君らは、自分らが主体的にやってるからさ。それは、君らから見たら、向こうは優遇《ゆうぐう》されすぎてるように見えるけど、弱いと見ているから持ち上げたりしているわけで、本当に強いと見たら、そんなふうにはしやしない。まあ、持ち上げても適当なところで敗れると思ってるから、政権をいびるのに使っているのよ。うまいこと、政権いびりに使っているんだけど、それがマスコミの持っているサディスティックな喜びのところで、これがやめられないんだよな。

だから、自分ら自身には権力がないんだけども、政権を苦しめることで、「疑《ぎ》似《じ》権力」を手にすることができる。これで、出世欲や権勢欲の、満たされないところを満たすことができるんだよ。これが、マスコミの特徴《とくちょう》です。だから、本当の権力は持てないんだけども、「疑似権力」を行使して、それで名誉心《めいよしん》というか、満足心を満たす。

だけど、幸福の科学みたいなところは、実際に実現した場合、本物の権力に変わるもんだから、応援《おうえん》したら連帯責任は必ず生じる。だから何も言わない。たぶん、そういうふうになってるんだと思うなあ。

「市民の政治参加」の意外な実態

大川真輝　ええ。ともかく、そういう〝事件〟がありまして。

篠原一　うん、うん。

大川真輝　そこで私も、「どうしてかな」と考えたのですが、もちろん、「幸福実現党が怖い」というのもあるのでしょうが、「意外に、議論し慣れていないのかな」とも思ったんです。

篠原一　ああ。

大川真輝　最近では、「市民の政治参加がされている」と言われてはいますけれども、実は、保守系の市民の政治参加はとても少なくて、市民団体も非常に少ないんですね。私どもも、同世代の保守系の学生に会ったことなど、ほとんどありません。

篠原一　ふーん。

大川真輝　そこで自民党学生部の活動をチラッと見てみますと、「神奈川《かながわ》県で集まったのが五人だった」というような状況《じょうきょう》でした。「実際は、市民の政治参加というのは、ほとんど行われていない」というのが、今の私の感覚なんです。

SEALDsをやっている方もいますが、実態は、共産党の市議のお子さんであったりとか、革マル派をやっていた方のお子さんであったりとか、あちらもあちらで、わりと世襲《せしゅう》だったりするんですよね。

篠原一　なるほど。

大川真輝　ですので、「現代の日本では、本当の意味での市民の政治参加はあまり行われていないのではないか」というのが、私の今の感覚です。

篠原一　要するに、自民党の学生部に参加している学生とかも、たいていの場合は、神社系統のご子息《しそく》とか、あるいは、仏教系でも保守系のほうとかから人が出てるので。

結局、あなたがただけが（政治活動を）やってると思ってるんだろうけど、「ほかの宗教団体は独自ではできないので、自民党のところの応援に人を出している」というのが実態なんじゃないか。実際は、宗教間の〝それ〟が、起きてるんじゃないかな。やっぱり、まったくのノンポリの人が出ていったりしないよ。何かなければ、普通《ふつう》は出てこないので。

確かに、不満のほうは出るよ。左翼《さよく》のほうは、いわゆる不満連合で、ワッと求心力が働いてくることはあるので。文句《もんく》があったら、ワーッと反対に出るのはあるんだけど。

まあ、保守のほうでは、個人主義的で、あんまり動かないんだなあ。だから、「自民党の」っていっても、どうせ神道《しんとう》系か仏教系の、自民党から離《はな》れないでいる団体系の何かだと思うよ、ほとんどはね。

プロ筋《すじ》が見ている「幸福実現党の可能性」

大川裕太　篠原先生は、「市民参加」ということを、最新の政治学のなかで、新たな概念《がいねん》として考えてくださいました。

ただ、結局、その流れを受けて今出てきている、SEALDsなどの運動は、昔ながらの共産党の流れだとか、あるいは、昔、「ベ平連《へいれん》」（ベトナムに平和を！　市民連合）というものがありましたけれども、その系統の残りの人たちが、もう一回、学生運動をやっているような感じで参加しているようなことも多いのです。

こうした伝統的な左翼の一つの論法にすり替《か》わってしまっているので、そこが少し残念かなと、個人的には思っています。

篠原一　いやいや、それは名前を変えて出ているだけだよ。「全学連《ぜんがくれん》（全日本学生自治会総連合）だ」、「民青《みんせい》（日本民主青年同盟）だ」、「べ平連だ」、「SEALDsだ」と、みんな、名前を変えてやってるだけで（笑）。同じ名前でやると、だいたい全部読まれてしまうから、名前を変えて出てるだけのことだわねえ。

だから、彼らは今、ある程度分かってるところはあるんじゃないかなあ。おたくみたいに、「幸福実現党」だとか、「幸福の科学」だとか、「看板を堂々と掲《かか》げてやる」っていうのは、まあ、「錦《にしき》の御旗《みはた》」と思ってやっているんだろうから、すごい強気には見えているんだろうねえ。普通、隠《かく》すから。隠してやるから。隠さないでやるっていうのは、すごい強気は強気なんだよね。

だから、二つ、疑ってるのね。一つは、「本当はすごい戦力を持ってるけども、その一部分を出して、ジャブを打ちながら様子を見ている」という可能性と、もう一つは、「本当は勢力は小さいのに、誇大妄想《こだいもうそう》を持って、本気になってやっている」という可能性。この二つを見てるのかな。

あるいは、別の見方としては、「自民党の別動隊《べつどうたい》としてやってるのかもしらん」っていう見方がある。プロ筋《すじ》はそう見てる。「『実は自民党の別動隊で、本当は安《あ》倍《べ》さんがやりたいことが、韓国《かんこく》や中国やいろいろなところに配慮《はいりょ》してできないから、幸福の科学系統のほうでちょっと暴《あば》れさせて、世論《せろん》に調整を加えさせている。そして、あとからついていくような感じで、妥協《だきょう》するかたちで収める』ということを、〝高等芸術〟的にやっているんじゃないか」と、プロ筋では読んでいる人もいる。

8　政治学は時代の転換《てんかん》点を迎《むか》えている

時代背景が変われば、政治学的な考え方も変わってくる

司会　ただ、やはり、その中身の話になるのですが、当会はまず、考え方があって、正義というか、「何が正しいか」というところから始まっているんです。それで、たまたま、自民党や、まあ、保守と一致《いっち》しているだけであって、それも最終的な目的からすると、本当は違《ちが》ってくるかもしれません。

篠原一　うーん。

司会　今日は、「平和学入門」という演題でもあるので、もしよろしければ、国際政治のほうから、「何が正しいのか」ということを取り上げていただければと思います。

大川裕太　そうですね。ちょうど今年の九月に、安倍《あべ》政権が、念願の一つでもあった「平和安全法制」、まあ、集団的自衛権に関連する法案を成立させました。かつて篠原先生は、ＰＫＯ協力法に関して、「明確に、憲法九条に違反《いはん》するものである。こんなことをしてはいけない」とおっしゃっていたと思います。

篠原一　うーん。

大川裕太　ところで、これには霊的《れいてき》な背景があるか分からないのですけれども、奇《く》しくも、昨年（二〇一四年）、国際政治学の大家《たいか》であられた坂本義和《さかもとよしかず》先生が亡《な》くなられ、今年（二〇一五年）の五月には、篠原先生と同じ世代で、市民政治のほうの専門家でいらっしゃった松下圭一《まつしたけいいち》先生もお亡くなりになりました。そして今回、篠原先生もご帰天《きてん》なされたということで……。

篠原一　ヘッヘッヘッヘッヘッ（笑）。何かの祟《たた》りかね。

大川裕太　（笑）（会場笑）分からないんですけれども。

篠原一　でも、まあ年だから、そらあ祟りとも言えんが。

大川裕太　それと同時に、藤原帰一《ふじわらきいち》先生をはじめとして、現在、論壇《ろんだん》で活躍《かつやく》され

●坂本義和（1927～2014年）　国際政治学者、東京大学名誉教授。東京大学法学部の演習で丸山眞男の指導を受ける。東京大学教授、明治学院大学教授、国際基督教大学平和研究所顧問などを務めた。

ている方々が、少し……。

篠原一　右傾化《うけい》してるわけね。

大川裕太　（笑）自由に言論活動ができるようになってきたのではないか、という話もございます。

篠原一　〝飛んだり跳《は》ねたり〟できるようになったのよね。

大川真輝　「戦争を経験していない世代」になったのではないでしょうか。

大川裕太　ああ、なるほど。その可能性もありますね（笑）。

●松下圭一（1929～2015年）　政治学者。法政大学名誉教授。丸山眞男門下で、専門は市民参加による自治型政治等。影響を受けた政治家に菅直人等がいる。編著書『市民参加』等。

篠原一　いや、そらあねえ、僕《ぼく》は、自分の考えが全部正しいとは思ってないよ。やっぱり、世代世代で、その時代背景っていうのがあるからさあ。

僕とか、坂本さんとか、松下さんとかがやってたころはねえ、戦後の進駐軍《しんちゅうぐん》から、あと、日本が自立して、国をもう一回高度成長に乗せていってたときで、「経済に特化《とっか》して平和主義を取り、軍事には手を出さない」っていう路線のなかで、ちょうど自分らの成熟期を迎《むか》えていたからね。

まあ、そういうときの政治学者のあり方であるから、そらあ、時代が違えば、考え方は違ってきてもしかたがない。その時代に、今言ってるような考えを出してきたら、一発で弾《はじ》かれただろうと思うからねえ。

だから、今の官房長官《かんぼうちょうかん》が言ってるようなことを、中曽根《なかそね》内閣のときの官房長官が言ったら、大変な状態だろうと思うよ。あのころは、後藤田正晴《ごとうだまさはる》（官房長官）

も、ペルシャ湾《わん》への自衛隊派遣《はけん》なんか、「断固阻止《そし》」で、「派遣するなら辞《や》める」と、中曽根さんに迫《せま》ったりしていたような時代ですからね。「社会党の委員長ができる」と言われたぐらいの状態だけど、そらあ、やっぱり時代が違ってた。

だから、あの時代は、「そうすることが日本のためになると、みんなが思って、信じてた」っていうのと、「米ソ対立があって、それでもアメリカのほうに寄っとかないと生き残れないんじゃないか」っていう恐怖《きょうふ》と、まあ、両方あったと思うんだよね。やっぱり、「軍事に手を染めないながら、米ソ対立のなかで、どうやってうまく生き延びていくか」っていう考えだった時代と、「強大なソ連の部分が弱くなって、新しい中国が出てくる」っていう時代とでは、「日本はどうあるべきか」という政治学の課題も、当然違ってくるわねえ。

まあ、これは、次の世代に譲《ゆず》らないと、もう無理かと思う。私らの考えは、呪《じゅ》縛《ばく》された古いものではあろうからなあ。

もし、憲法九条っていうのが、今後の中国の動きによって、日本を呪縛し、アメリカを敗北に追い込《こ》むものになっていくとするんだったら、やっぱりそれは考えなければいけないものではあるだろうね。

まあ、ソ連とのときには、あれでまだ行けたんだけど、中国の場合、同じかどうかは分からないわねえ、それはね。

幸福の科学の歴史認識についての考えとは

大川裕太　今、真輝常務のほうから、『大川隆法の〝大東亜《だいとうあ》戦争〟論』（大川真輝著、HSU出版会刊）という本をシリーズで出してくださっています。霊的に何か察知《さっち》していらっしゃるかもしれませんが、大川隆法・大川真輝史観の、歴史認識のあたりについてはいかがでしょうか。

篠原一　いや、すごいですよねえ、これは。いやあ、勇気はあると思うよ。すごい勇気あるわ。勇気はあると思う。つまり、戦後七十年間封印《ふういん》されてきたものの「封印を解《と》こう」としているんでしょう？　だから、勇気はすごいと思う。

これを言いたい人は、今までたくさんいたと思うけど、それを言うと村八分《むらはちぶ》に遭《あ》うから、言えなかったところだね。たとえ神道《しんとう》系であったとしても、それを公然と言ったら、けっこう、吊《つ》るし上げられたものだと思うので。

それを堂々と本にして出しているっていうんであれば、一般《いっぱん》的にはみんな、「背景にある幸福の科学というものが、まだ、絶大な自信を持っている」というように見るよな。ここが不動なので、政治的意見を出しても、砕氷船《さいひょうせん》みたいにガーッと行こうとしているように見えるから。

一般的に、まだ意見が固まっているわけじゃないけど、マスコミも含《ふく》めて、左《さ》翼《よく》系の学生運動や、それを後ろから動かしているものも含めて、全部をマクロで見た感じとして、幸福の科学および幸福実現党の位置づけっていうのは、「ものすごい強固《きょうこ》なブレーン団体がここにある」という感じはしているんだよ。

そのなかで、政治活動として一つ特化したものを出して、何か、世論《よろん》を特定の方向に引っ張っていこうとする〝パンチを入れて〟いるらしいことは分かっている。ただ、その結果がどのようになるのかについては誰《だれ》も分からない。だいたいこういうところじゃないかな?

だから、「そこまで言い切る」というのはすごいことだとは思うが、それは世《せ》論《ろん》に、いったい何年、あるいは何十年先行《せんこう》しているかは分からない。

マスコミ的な力を持っている「幸福の科学の言論力」の強さ

大川真輝　基本的には、私というよりは、大川隆法総裁の思想が、世論に対してメッセージを送っているわけです。

篠原一　うーん。ああ、そうですか。まあ、（大川隆法は）そういう人だからなあ。全然怖《こわ》くない人だから、平気で言うだろうなあ。

普通《ふつう》ねえ、宗教とかでそんなことを言ったら、けっこうバッシングされるんですよ。

大川真輝　うーん。

篠原一　そういう宗教が出てきたら、「うわっ、ナチスの母体になるような宗教が出てきた」って絶対叩《たた》かれるのに、叩かれないっていうのは、あんたがたの力がすごいんだと思う。

その力のすごさは、やっぱり「言論力」だろうねえ。すごく本を出すでしょう？　もちろん、映画とか、デモとか、いろいろなこともしているんだろうけど、いやあ、これはある意味で、マスコミ的な力を持っているところの強さかなあ。「やったら、やり返してくる」、まあ、「〝大陸間弾道弾《だんどうだん》〟を撃《う》てば、撃ち込んでくる」っていう感じを、それはもう、十分分かっているので。そこまで覚悟《かくご》ができたら撃ち込むけど、覚悟ができなかったら、撃ち込めないでいるわけだね。上がみんな、「まあ、まあ、まあ」と言って止《と》めている状態かとは思う。

もし、弱小宗教が同じことをまねしたら、とたんに〝ペシャンコ〟だよ。例えば、統一協会だったら、表に出れば叩かれるから。マスコミからも、ほかのところからも叩いてくるから、完全に水面下でやっている。いまだに水面下で、自民党系の、勝共《しょうきょう》連合風の活動は相変わらずやっていて、入っているとは思うよ。いろいろなところに入ってはいるけど、姿は見せないで、〝尻尾《しっぽ》まで透明《とうめい》〟になってやっている。

一方で、「透明にならない」のは、あなたがた。透明にならずに、そのまま〝鎧《よろい》〟を着て出てくるのはあなたがたで、この立場の差は、はっきりしている。

その意味で、実際の数がどうなのかは知らないけれども、強いという意味では強い。とっても強い。強いとは思う。

ただ、数がものを言う世界で勝てるかどうかは、分からない。

9　幸福の科学のオピニオンは日本をリードしている

篠原一氏は今世《こんぜ》の使命を全《まっと》うされたのか

司会　そろそろお時間になってきました。

篠原一　ああ、そう。

大川裕太　では、最後の質問として、今回、ご帰天《きてん》されたということで……。

篠原一　お祝いですか。

大川裕太　いえ（笑）。まあ、幸福の科学としては、使命を全《まっと》うされてご帰天されることは、霊的《れいてき》に祝福されるべきことだと思っていますけれども、篠原教授は今世《こんぜ》の計画を全うされたのでしょうか。また、大川隆法総裁との霊的なご縁《えん》などがありましたら、お話を頂ければありがたいです。

篠原一　まあ、私の使命は終わったんだとは思います。

あとは、教え子は数多くはいるんだけれども、一人は、舛添《ますぞえ》君が都知事をやっていて。まあ、これは大川隆法総裁とも〝水面下〟でつながってはいるのでね？

やっぱり、安倍《あべ》政権の外交がうまくいっていないところがあるので、都知事のほうで、中国、韓国《かんこく》、その他の国について、国のほうがうまく外交できないところを、〝都知事外交〟で、首都同士でうまくつなぐ役はやっていると思うんですよ。

もう一人は、現在、大川隆法総裁のほうで、安倍さんが破れない壁《かべ》のところを破りつつ、行く先を導いているようなところはあるんだろうなと思うわねえ。

だって、(安倍首相は)靖国《やすくに》神社にさえ参拝《さんぱい》できないぐらいの弱さでしょ?　あれほど、「右翼《うよく》だ」とか、「すごい保守の塊《かたまり》だ」とか、「岸《きし》、佐藤《さとう》の再来だ」とか言われていても、参拝にさえ行けないぐらいのものですので。お賽銭《さいせん》でも、「自分で出したか、出さないか」みたいなことまで〝洗われる〟ような状況《じょうきょう》だからね。

あなたがたは、どういう位置づけか分からないけど、マスコミでもなく、いわゆる政権政党でもない、別のところで、日本の政治の未来に関与《かんよ》していることは間違《まちが》いなく関与しているし、理論的にはいろんなところを啓蒙《けいもう》していることは間違いない。ただ、着地的にどう行くかは、まだ私にも分からないし、私の意見は時代がかっているので、もはや、それはあれだとは思うけども。

とにかく、私が教えた人たちが、「新しい時代に合わせた考え方」を出そうとしているなら、それが結果的に、日本と世界をいい方向に導いてくれればいい。やっぱり、中国問題、韓国問題、ロシア問題は、とても難しい問題ですよ。安倍政権だけでは、たぶん、とてもじゃないけど手に負えるような問題ではないと思う。

だから、幸福の科学の存在というのを考えてみると、「安倍政権の説得」、および、「安倍政権の敵対勢力の政党への説得」、ならびに、「安倍政権を批判するマスコミへの説得」として言論を出している。これは、たぶん、そうとうな影響力《えいきょうりょく》を持っているだろうと思うんだよな。

そういう影響力を持つ言論を出しつつ、「それが、いわゆる市民にどれだけ受け入れられるか」ということだよな。

幸福の科学には「政策」や「戦争史観」を考えられる学生がいる

篠原一　例えば、民主党政権にはなったけれども（二〇〇九年九月～二〇一二年十二月)、撃《う》ち落とすにあたっては、あなたがたの言論のほうが優位に立ったことは事実だろうと思う。

それで、「民主党を撃ち落としたあと、あなたがたには仕事がないのかどうか」という論点が一つ出たわけだけれども、安倍さんの頼《たよ》りなさが出てきたわね。

第一次のアベノミクスは、ある程度うまくいったかに見えたが、その次のアベノミクスの三つの矢では、もはや誰《だれ》も信じなくなってきているわけだから、「安倍の次」はどうなるのか、みんなが不安になってきている時期だわね。

だから、これの行く先を照らすっていうのは一つの仕事で、一つの方向を照らすことで、マスコミもシミュレーションができて、「そうしたら、どうなる」っていうことを考えるからさ。

それと、みんなも微《かす》かには信仰心《しんこうしん》を持ってるから、「そういう、ある程度の予知能力みたいなものがあって、『どうしたら、この国はどうなるのか』っていうようなことが、もし分かっているなら、ありがたい」っていう気持ちは持ってるだろうと思うので。

まあ、先ほど言ったように、（幸福実現党が）王道の政権獲得《かくとく》に行けるかどうかは、時の流れがうまく出ないかぎりちょっと難しいと、私は見てるけれども。

ただ、少なくとも、今のところ、「オピニオンの発信」という意味で、日本をリードし、国際的な地位を占《し》めようとする願いは、よく出ているだろうとは思うので、必要なんじゃないかねえ。

あと、「大川総裁の意見が、自分たちの利害だけで言っていない」っていうこと自体は、マスコミなんかも分かってきているんじゃないかとは思うので。

その意味で、最後、迷ったら、ある程度ついてくるところはあるんじゃないかなあと思う。

そうじゃないと、例えば、今、自民党が原発推進のほうに踏《ふ》み込《こ》みに入ったり、沖縄《おきなわ》であんな強気の姿勢を示しているっていうのは、納得《なっとく》いかないですよ。普通《ふつう》は（マスコミに）負けるから。普通は負けるけど、これを〝封《ふう》じてる〟のは、あなたがたの活動が入っているからだと思う。まあ、自分たちで行けるかどうかは分からないけど、少なくとも役に立ってる。

それに、君たちみたいな二十歳《はたち》（大川裕太）とか二十二歳《さい》（大川真輝）とか、そんな学生の身分で出してる本でも、世間《せけん》に影響は出ているみたいだねえ。そういう意味では、大したもんなんじゃないかね。

だから、君らは本を出してるのであって、SEALDs《シールズ》なんて相手にならないでしょう。「自分たちで、ここまで政策なり、戦争史観なりを考えられる人が学生でいる」っていうなら、そんな人たちが出る幕《まく》じゃないんでね。それは、もう分かっているんだよ。そのへんは知っといたほうがいいと思う。

新時代をリードする20代のオピニオン

●大川真輝著

『ここを読むべき! 大川隆法著作ガイド 2015年4～9月度』
(幸福の科学出版)

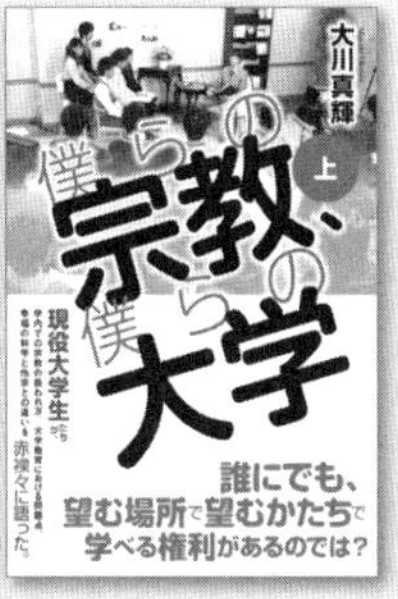

『僕らの宗教、僕らの大学(上)(下)』
(幸福の科学出版)

『大川隆法の“大東亜戦争”論[中]』
(HSU出版会)

『大川隆法名言集「リーダー」になりたい“あなた”へ130の鉄則』
(幸福の科学出版)

●大川裕太著

『幸福実現党テーマ別政策集1「宗教立国」』
(幸福実現党)

『幸福実現党テーマ別政策集2「減税」』
(幸福実現党)

『幸福実現党テーマ別政策集3「金融政策」』
(幸福実現党)

『幸福実現党テーマ別政策集4「未来産業投資／規制緩和」』
(幸福実現党)

10　今後、言論には「右翼《うよく》」も「左翼」もなくなってくる

国全体を揺《ゆ》らす「幸福の科学の意見」

篠原一　まあ、今、みんなが見てるのは、「大川隆法が一代でワッと出してそれで消えるか。それとも、この運動がザーッと押《お》し続ける感じで、津波《つなみ》のように、だんだんだんだん大きくなってくるようなものなのかどうか」ということだと思うけど、これがまだまだずーっと何十年か続いていくのであれば、未来の予想が、ある程度見えてくるからさあ。考え方を変えなきゃいけなくなってくるわけよね。

だから、ある意味では、右翼《うよく》も焦《あせ》っていると思う。それは、右翼の存在根拠《こんきょ》のところが、今、ちょっと薄《うす》れてきているからね。左翼だけじゃなくて、右翼のほ

うも、ちょっと危なくなってきてる。

皇室のほうだって、「皇室は何たるべきか」っていうところに、幸福の科学のほうから意見が出始めているわけだから、そうとう〝揺《ゆ》さぶり〟は出てきてる。国全体に、さざ波みたいな〝揺さぶり〟は、今、広がってきてると思うね。

だから、焦ってはいけないけれども、時代相応《そうおう》に活躍《かつやく》されたらいい。

まあ、私の意見は、意見としてはあったけれども、生きてた時代がそういう時代だった……、高度成長期の考えなので。やっぱり、新しい時代に、大胆《だいたん》にハンドルを切るなら、そろそろ切ったほうがいい。

もし、藤原帰一《ふじわらきいち》君とかが、「現状分析《ぶんせき》するのは国際政治学者の仕事で、正邪《せいじゃ》を決めるのは宗教の仕事だ」って言ってるんだったら（笑）、「責任はそちら（幸福の科学）で取ってくれ」って言ってるということだろうから、期待に応《こた》えて、責任を取ったらいいんじゃないかねえ。「学者でそこまで責任を取れない」って言うんでしょ？　まあ、そうだろうよ。ちょっと追随《ついずい》したように見せるぐらいのところで止《と》めといたほうが、安心は安心なんだろうからねえ。

いやあ、これから十年、君たちが思ってるよりも、大きな影響力《えいきょうりょく》がたぶん出てくるとは思うので。

マスコミが左翼の学生運動とかをもてはやしたのを、あんまり深く考える必要はないと思う。それが短期で終わることは、最初から予想はしてたと思うよ。たぶん、「法案が通った段階で、使い捨てになる」っていうふうには予想してやってるとは思う。そのくらい老獪《ろうかい》なんだよ。知ってるので。

それに、「こちら（幸福実現党）のほうが、負けるのも知っててやってる」ことも知ってるから。

まあ、もうすぐ、けっこう深いところで話ができるところまで来るとは思うので、人材養成とか教育とか、こういうことをしっかりしていくことが大事。

「幸福の科学は面白い存在になる」

篠原一　あと、あんたがたのいちばんいいところはね、「自分らの考えを明らかにして、明確にして、外に発表し、公開する。それでいて、なかで、それとは別の隠《かく》し案を持ってるようなことはない。なかで思っていることは、外にそのまま出している。『嘘《うそ》はついていません』『これに賛同する人は来てください』」っていう、はっきりしているところだね。

まあ、これは時間をかけないと分からないところだけど、だんだん分かってくるだろうと思うので。このへんは、あんまりプレディクション（予測）はやっちゃいけないんだけど、面白い存在にはなるんじゃないかと。

そういう意味で、どういうかたちであれ、日本や世界の、ある意味でのリーダーになってくださるなら、私はありがたいと思う。

いやあ、そう言ったって、「宗教家で、韓国《かんこく》の大統領であろうが、中国の主席であろうが、国連事務総長であろうが、バシッと批判できる人が日本にいる」っていうのは、水面下で日本人としては胸がすっきりしているものはあるんじゃないかなあ。

まあ、「幸福の科学ファン」っていうのは、信者であるかどうかは別として、出てはくると思う。「考えがすっきりしている」っていうのは、それはそれで、男らしくていいんじゃないかなあ。

だから、僕《ぼく》は過去のことで、そんな影響力がないから、もう言う気はないんだけれども、あなたがたの時代が来たんじゃないかな。

確かに、（大川隆法は）教育者としても、ご優秀《ゆうしゅう》らしいことはよく分かったので。なんか、若い人たちを育てているので、それならまだ時間はあるよ。今、あなたがたの世代を育ててれば、五十年やそのくらいはやれるから、時間はまだあると思うなあ。

まあ、幸福の科学は言うけど、（幸福の科学大学の）許認可とか、そんなんで引っ掛《か》かることはあったとしても、大きな意味では失敗はしてないんじゃないですか？　だいたい言ったとおりにやってきているんじゃないですか。

もちろん、多少、そういう抵抗《ていこう》とか、この世的な〝あれ〟がいろいろあるけど、「言ってることが間違《まちが》ってる」というふうには認識されていないんじゃないかねえ。だいたい、「正しいことをいつも言っている」というふうには認識してるんじゃないかなあ。

その意味で、言論に右翼も左翼もなくなってくるかもしれませんね。「正しいことを言う」ということであれば、右翼も左翼もなくなってくるところがあるよね。

それに、「朝日新聞から産経新聞まで、認めるべきところは認める」というフェアな態度を取ってますからね。それは偉《えら》いんじゃないかなあ。

まあ、死んで五日で、あまり饒舌《じょうぜつ》なのも考えもんだけど。うーん……、「生前と考えが違うじゃないか」って言われたらそれまでだけど、もう仕事はできないので、あとは託《たく》すしかないねえ。

まあ、東大の〝迷える教授たち〟にもよろしく伝えたまえ。

大川裕太　ありがとうございます。

司会　はい。本日はまことに、ありがとうございました。

篠原一　ああ。はい。

11　篠原一氏の霊言《れいげん》を終えて

大川隆法　（手を二回叩《たた》く）納得《なっとく》してくれたでしょうか。まあ、どうですか？「迷っている」というほどでもないですかね。

司会　ええ、迷っていないのではないかと思います。

大川隆法　言っていたことには、どんな意味があったでしょうか。ここからの伝《でん》習《しゅう》は何かありましたかね。

大川真輝　いちおう応援《おうえん》してくれているのではないでしょうか。

大川隆法　やはり応援してくれているのかな。

大川真輝　たぶん、そうだと思います。

大川隆法　まあ、理論よりは人情《にんじょう》のほうを優先しているのかもしれません。

司会　「総裁に何か伝えたかった」ということと、それから「お二人に伝えたかった」ということの両方だと思います。

大川隆法　そうですね。「長くやらないと実現しないよ」ということを言いたかったのでしょうか。

司会　はい。

大川隆法　ただ、「時代が変わっているから」ということは言っていました。確かに、彼らの理論は、「米ソの核《かく》戦争が起きるか」という時代のものでしたからね。

司会　ええ。

大川隆法　中国が出てきて、こういう状況《じょうきょう》になってくる時代の理論は持っていません。

司会　そうですね。

大川隆法　「責任を取れる人がやってくれ」ということでしょう。また、意外に、「安倍《あべ》政権ができないでいるところを、当会がブレイクスルーしているのではないか」という見方をしていました。ＳＥＡＬＤｓ《シールズ》の学生たちについても、「こんなの、全然問題になっていないのではないか」というところまで言っていましたね。

ある程度、霊的《れいてき》に認識なされているのかもしれません。

司会　そうですね。

大川隆法　まあ、「後進《こうしん》の者の成功を祈《いの》る気持ちがある」のでしたら、地獄《じごく》で迷われることは、たぶんないでしょう。菅《かん》（直人《なおと》）さんの（失政の）分まで〝取り返して〟あげようと思いますので。

それでは、ありがとうございました。

司会　はい、ありがとうございました。

あとがき

恩師とは、まことに有難《ありがた》い存在だ。三十数年もお会いしていないのに、いまだに私のことを心にかけていて下さったとは。先生と私の政治学的主張は、今ではかなりの距離があるにもかかわらず、大きな愛情で包み込むような眼で見て下さっている。

いまだ雛《ひな》のままで飛び立ちかねている、私の創立した『幸福実現党』に対しても、「宗教家が遊び半分に創ったものじゃない。大川隆法は、東大政治学科の正統派の血筋《ちすじ》を引いているのだ。」と応援して下さったのだろう。

今回、早大四年生の次男と、東大法二年生の三男を質問者に指名して、「お父さんの志《こころざし》を継《つ》ぎなさい。」とあえて伝えて下さったんだと思う。「平和学入門」を私への課題として出され、「次代へのメッセージ」を語って下さったのだ。恩師の〝最終講義〟をあえて、後世に遺《のこ》す次第《しだい》である。

二〇一五年　十一月十日

幸福《こうふく》の科学《かがく》グループ創始者兼総裁《そうししゃけんそうさい》　大川隆法《おおかわりゅうほう》

『平和学入門　元東大名誉教授・篠原一　次代へのメッセージ』大川隆法著作関連書籍

『幸福実現党宣言』（幸福の科学出版刊）
『巨大出版社　女社長のラストメッセージ　メディアへの教訓』（同右）
『危機の時代の国際政治――藤原帰一　東大教授　守護霊インタビュー――』（同右）
『沖縄の論理は正しいのか？
――翁長知事へのスピリチュアル・インタビュー――』（同右）
『篠原一東大名誉教授「市民の政治学」その後』（幸福実現党刊）
『ここを読むべき！　大川隆法著作ガイド２０１５年４～９月度』
（大川真輝　著　幸福の科学出版刊）
『僕らの宗教、僕らの大学（上）（下）』（同右）
『「リーダー」になりたい〝あなた〟へ130の鉄則』（同右）

『大川隆法の〝大東亜戦争〟論［上］［中］』（大川真輝 著　ＨＳＵ出版会刊）
『幸福実現党テーマ別政策集　１「宗教立国」』（大川裕太 著　幸福実現党刊）
『幸福実現党テーマ別政策集　２「減税」』（同右）
『幸福実現党テーマ別政策集　３「金融政策」』（同右）
『幸福実現党テーマ別政策集　４「未来産業投資／規制緩和」』（同右）

平和学入門《へいわがくにゅうもん》　元東大名誉教授《もととうだいめいよきょうじゅ》・篠原一《しのはらはじめ》
次代《じだい》へのメッセージ

2015年11月11日　初版第1刷

著　者　　大《おお》川《かわ》隆《りゅう》法《ほう》

発行所　　幸福の科学出版株式会社
〒107-0052 東京都港区赤坂2丁目10番14号
TEL(03)5573-7700
http://www.irhpress.co.jp/

印刷・製本　株式会社 東京研文社

落丁・乱丁本はおとりかえいたします

ISBN978-4-86395-739-8 C0030
写真：朝日新聞社

大川隆法 霊言シリーズ・東大法学部の権威に訊く

篠原一東大名誉教授「市民の政治学」その後
幸福実現党の時代は来るか

リベラル派の政治家やマスコミの学問的支柱となった東大名誉教授。その守護霊が戦後政治を総括し、さらに幸福実現党への期待を語った。

【幸福実現党刊】

1,400円

危機の時代の国際政治
藤原帰一東大教授守護霊インタビュー

「左翼的言論」は、学会やメディア向けのポーズなのか？ 日本を代表する国際政治学者の、マスコミには語られることのない本音が明らかに！

1,400円

舛添要一のスピリチュアル「現代政治分析」入門
―― 守護霊インタビュー ――

国政、外交、国際政治――。国際政治学者・舛添要一氏の守護霊が語る現代政治の課題と解決策。鋭い分析と高い見識が明らかに！

1,400円

※表示価格は本体価格（税別）です。

新時代をリードする20代のオピニオン

大川隆法の“大東亜戦争”論［上］

大川真輝　著

日本人が国を愛せない根本理由は、これで払拭される――。大川隆法著作シリーズから大東亜戦争を再検証し、「史観の大転換」を図る一書。【HSU出版会刊】

1,300円

僕らが出会った真実の歴史

『大川隆法の“大東亜戦争”論』の前に

大川真輝　著

これまで学んできた日本の歴史は、本当に「正しい歴史」なのか？ 7人の現役大学生が、「先の大戦」について等身大の疑問や考えを語り合う。【HSU出版会刊】

1,300円

父が息子に語る「政治学入門」

今と未来の政治を読み解くカギ

大川隆法　大川裕太　共著

「政治学」と「現実の政治」はいかに影響し合ってきたのか。両者を鳥瞰しつつ、幸福の科学総裁と現役東大生の三男が「生きた政治学」を語る。

1,400円

幸福実現党テーマ別政策集 1 「宗教立国」

大川裕太　著

「政教分離」や「民主主義と宗教の両立」などの論点を丁寧に説明し、幸福実現党の根本精神とも言うべき「宗教立国」の理念を明らかにする。【幸福実現党刊】

1,300円

幸福の科学出版

幸福の科学グループのご案内

宗教、教育、政治、出版などの活動を通じて、地球的ユートピアの実現を目指しています。

宗教法人　幸福の科学

一九八六年に立宗。一九九一年に宗教法人格を取得。信仰の対象は、地球系霊団の最高大霊、主エル・カンターレ。世界百カ国以上の国々に信者を持ち、全人類救済という尊い使命のもと、信者は、「愛」と「悟り」と「ユートピア建設」の教えの実践、伝道に励んでいます。

（二〇一五年十一月現在）

愛

幸福の科学の「愛」とは、与える愛です。これは、仏教の慈悲《じひ》や布施《ふせ》の精神と同じことです。信者は、仏法真理をお伝えすることを通して、多くの方に幸福な人生を送っていただくための活動に励んでいます。

悟り

「悟り」とは、自らが仏の子であることを知るということです。教学《きょうがく》や精神統一によって心を磨き、智慧《ちえ》を得て悩みを解決すると共に、天使・菩薩《ぼさつ》の境地を目指し、より多くの人を救える力を身につけていきます。

ユートピア建設

私たち人間は、地上に理想世界を建設するという尊い使命を持って生まれてきています。社会の悪を押しとどめ、善を推し進めるために、信者はさまざまな活動に積極的に参加しています。

海外支援・災害支援

国内外の世界で貧困や災害、心の病で苦しんでいる人々に対しては、現地メンバーや支援団体と連携して、物心両面にわたり、あらゆる手段で手を差し伸べています。

自殺を減らそうキャンペーン

年間約３万人の自殺者を減らすため、全国各地で街頭キャンペーンを展開しています。

公式サイト **www.withyou-hs.net**

ヘレンの会

ヘレン・ケラーを理想として活動する、ハンディキャップを持つ方とボランティアの会です。視聴覚障害者、肢体不自由な方々に仏法真理を学んでいただくための、さまざまなサポートをしています。

公式サイト **www.helen-hs.net**

幸福の科学グループの教育事業

HSU

ハッピー・サイエンス・ユニバーシティ

Happy Science University

私たちは、理想的な教育を試みることによって、本当に、「この国の未来を背負って立つ人材」を送り出したいのです。

（大川隆法著『教育の使命』より）

ハッピー・サイエンス・ユニバーシティとは

ハッピー・サイエンス・ユニバーシティ（HSU）は、大川隆法総裁が設立された「現代の松下村塾」であり、「日本発の本格私学」です。
建学の精神として「幸福の探究と新文明の創造」を掲げ、
チャレンジ精神にあふれ、新時代を切り拓く人材の輩出を目指します。

住所 〒299-4325 千葉県長生郡長生村一松丙 4427-1
TEL.0475-32-7770

学部のご案内

人間幸福学部

人間学を学び、新時代を切り拓くリーダーとなる

人間の本質と真実の幸福について深く探究し、
高い語学力や国際教養を身につけ、人類の幸福に貢献する
新時代のリーダーを目指します。

経営成功学部

企業や国家の繁栄を実現する、起業家精神あふれる人材となる

企業と社会を繁栄に導くビジネスリーダー・真理経営者や、
国家と世界の発展に貢献する
起業家精神あふれる人材を輩出します。

未来産業学部

新文明の源流を創造するチャレンジャーとなる

未来産業の基礎となる理系科目を幅広く修得し、
新たな産業を起こす創造力と起業家精神を磨き、
未来文明の源流を開拓します。

未来創造学部

2016年4月
開設予定

時代を変え、未来を創る主役となる

政治家やジャーナリスト、ライター、俳優・タレントなどのスター、
映画監督・脚本家などのクリエーターを目指し、国家や世界の発展、
幸福化に貢献できるマクロ的影響力を持った徳ある人材を育てます。

キャンパスは東京がメインとなり、2年制の短期特進課程も新設します（4年制の1年次は千葉です）。2017年3月までは、赤坂「ユートピア活動推進館」、2017年4月より東京都江東区（東西線東陽町駅近く）の新校舎「HSU未来創造・東京キャンパス」がキャンパスとなります。

教育

学校法人 幸福の科学学園

学校法人 幸福の科学学園は、幸福の科学の教育理念のもとにつくられた教育機関です。人間にとって最も大切な宗教教育の導入を通じて精神性を高めながら、ユートピア建設に貢献する人材輩出を目指しています。

幸福の科学学園

中学校・高等学校（那須本校）
2010年4月開校・栃木県那須郡（男女共学・全寮制）
TEL **0287-75-7777**
公式サイト **happy-science.ac.jp**

関西中学校・高等学校（関西校）
2013年4月開校・滋賀県大津市（男女共学・寮及び通学）
TEL **077-573-7774**
公式サイト **kansai.happy-science.ac.jp**

ハッピー・サイエンス・ユニバーシティ（HSU）
TEL **0475-32-7770**

仏法真理塾「サクセスNo.1」 TEL **03-5750-0747**（東京本校）
小・中・高校生が、信仰教育を基礎にしながら、「勉強も『心の修行』」と考えて学んでいます。

不登校児支援スクール「ネバー・マインド」 TEL **03-5750-1741**
心の面からのアプローチを重視して、不登校の子供たちを支援しています。
また、障害児支援の**「ユー・アー・エンゼル!」運動**も行っています。

エンゼルプランV TEL **03-5750-0757**
幼少時からの心の教育を大切にして、信仰をベースにした幼児教育を行っています。

シニア・プラン21 TEL **03-6384-0778**
希望に満ちた生涯現役人生のために、年齢を問わず、多くの方が学んでいます。

NPO 活動支援

学校からのいじめ追放を目指し、さまざまな社会提言をしています。また、各地でのシンポジウムや学校への啓発ポスター掲示等に取り組む一般財団法人「いじめから子供を守ろうネットワーク」を支援しています。

公式サイト **mamoro.org**
相談窓口 **TEL.03-5719-2170**
ブログ **blog.mamoro.org**

政治

幸福実現党

内《ない》憂《ゆう》外《がい》患《かん》の国難に立ち向かうべく、二〇〇九年五月に幸福実現党を立党しました。創立者である大川隆法党総裁の精神的指導のもと、宗教だけでは解決できない問題に取り組み、幸福を具体化するための力になっています。

党員の機関紙
「幸福実現NEWS」

TEL 03-6441-0754
公式サイト hr-party.jp

出版 メディア 事業

幸福の科学出版

大川隆法総裁の仏法真理の書を中心に、ビジネス、自己啓発、小説など、さまざまなジャンルの書籍・雑誌を出版しています。他にも、映画事業、文学・学術発展のための振興事業、テレビ・ラジオ番組の提供など、幸福の科学文化を広げる事業を行っています。

アー・ユー・ハッピー？
are-you-happy.com

ザ・リバティ
the-liberty.com

幸福の科学出版
TEL 03-5573-7700
公式サイト irhpress.co.jp

THE FACT

ザ・ファクト
マスコミが報道しない
「事実」を世界に伝える
ネット・オピニオン番組

Youtubeにて
随時好評配信中！

ザ・ファクト　検索

入会のご案内

あなたも、幸福の科学に集い、
ほんとうの幸福を
見つけてみませんか？

幸福の科学では、大川隆法総裁が説く仏法真理をもとに、
「どうすれば幸福になれるのか、また、
他の人を幸福にできるのか」を学び、実践しています。

入会

大川隆法総裁の教えを信じ、学ぼうとする方なら、どなたでも入会できます。入会された方には、『入会版「正心法語」』が授与されます。（入会の奉納は1,000円目安です）

ネットでも**入会**
できます。詳しくは、
下記URLへ。
happy-science.jp/joinus

三帰《さんき》誓願《せいがん》

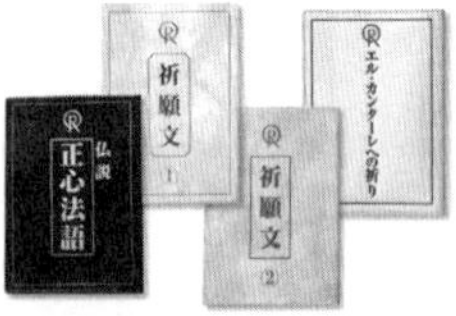

仏弟子としてさらに信仰を深めたい方は、仏・法・僧の三宝への帰依を誓う「三帰誓願式」を受けることができます。三帰誓願者には、『仏説・正心法語』『祈願文①』『祈願文②』『エル・カンターレへの祈り』が授与されます。

植福《しょくふく》の会

植福は、ユートピア建設のために、自分の富を差し出す尊い布施の行為です。布施の機会として、毎月1口1,000円からお申込みいただける、「植福の会」がございます。

「植福の会」に参加された方のうちご希望の方には、幸福の科学の小冊子（毎月1回）をお送りいたします。詳しくは、下記の電話番号までお問い合わせください。

月刊
「幸福の科学」

ザ・伝道

ヤング・ブッダ

ヘルメス・
エンゼルズ

INFORMATION

幸福の科学サービスセンター
TEL. **03-5793-1727**（受付時間 火〜金：10〜20時／土・日・祝日：10〜18時）
宗教法人 幸福の科学 公式サイト **happy-science.jp**